A LITERATURA E OS DEUSES

ROBERTO CALASSO

A literatura
e os deuses

Tradução
Jônatas Batista Neto

Copyright © 2001 by Roberto Calasso
Originalmente publicado por Adelphi Edizioni, Milão.
Todos os direitos reservados.

Título original
La letteratura e gli dèi

Capa
Ettore Bottini
sobre *A educação de Maria de Médici* (1622-5),
de Peter Paul Rubens, Museu do Louvre, Paris.

Índice onomástico
Luciano Marchiori

Preparação
Wladimir Araújo

Revisão
Renato Potenza Rodrigues
Denise Pessoa

Dados Internacionais de Catalogação na Publicação (CIP)
(Câmara Brasileira do Livro, SP, Brasil)

Calasso, Roberto
    A literatura e os deuses / Roberto Calasso ; tradução Jônatas Batista Neto. — São Paulo : Companhia das Letras, 2004.

    Título original: La letteratura e gli dèi.
    Bibliografia.
    ISBN 85-359-0477-8

    1. Deuses na literatura I. Título.

04-1146   CDD-809.9338291211

Índice para catálogo sistemático:
1. Deuses na literatura 809.9338291211

[2004]
Todos os direitos desta edição reservados à
EDITORA SCHWARCZ LTDA.
Rua Bandeira Paulista 702 cj. 32
04532-002 — São Paulo — SP
Telefone (11) 3707 3500
Fax (11) 3707 3501
www.companhiadasletras.com.br

Sumário

1. A Escola Pagã, 9
2. Águas mentais, 25
3. *Incipit parodia*, 41
4. Elucubrações de um *serial killer*, 58
5. Um aposento sem ninguém dentro, 74
6. Mallarmé em Oxford, 89
7. "A métrica é o gado dos deuses", 102
8. Literatura absoluta, 119

Índice de fontes, 139
Índice onomástico, 151

Para Josephine

1. A Escola Pagã

Os deuses são hóspedes fugidios da literatura. Deixam nela o rastro dos seus nomes. Mas logo a desertam também. Toda vez que um escritor esboça um texto, tem de reconquistá-los. A mercurialidade, que anuncia os deuses, sugere também a sua evanescência. Mas nem sempre foi assim. Pelo menos enquanto existiu uma liturgia. Aquela trama de gestos e palavras, aquela aura de controlada dramaticidade, aquele uso de certas substâncias e não de outras: tudo isso aplacava os deuses, até o momento em que os homens deixaram de invocá-los. A seguir sobraram apenas, restos esquecidos num acampamento abandonado, as histórias dos deuses que haviam sido o substrato de todo gesto. Arrancadas do seu solo e expostas a uma luz áspera, na vibração da palavra, elas chegaram a parecer impudentes e tolas. E tudo termina como história da literatura.

Assim, seria bastante redundante e insípido listar as ocasiões em que os deuses gregos aparecem nos versos da poesia moderna, a partir dos primeiros românticos. Quase todos os poetas do século xix, dos mais medíocres aos sublimes, escreveram alguma lírica onde os deuses são citados. E o mesmo vale para grande parte dos poetas do século passado. Por quê? Pelas mais variadas razões: por secular hábito acadêmico — ou talvez para parecerem nobres, exóticos, pagãos, eróticos, eruditos. Enfim, pela razão mais freqüente e óbvia: para parecerem poéticos. Que, numa determinada poesia, seja citado Apolo ou então um carvalho, ou a espuma do mar, isso não faz grande diferença, nem é muito significativo: são todos vocábulos do léxico literário igualmente polidos pelo uso.

E, no entanto, houve um tempo em que os deuses não eram apenas um costume literário. Eram sim um evento, uma aparição súbita, como o encontro com um bandido ou a chegada de uma nau. E a visão nem precisava ser total. Ajax, filho de Oileu, reconhece Posêidon, disfarçado de Calcas, pelo modo de andar, quando o vê, por trás, caminhando: identifica-o "pelos pés, pelas pernas".

Já que, para nós, tudo tem início com Homero, convém perguntar então: como é mencionado, nos seus versos, tal evento? Quando eclode a guerra de Tróia, os deuses já freqüentam a terra bem menos do que na época anterior. Apenas uma geração antes, Zeus gerara Sarpedão com uma mortal. E todos os deuses haviam descido à terra para as núpcias de Tétis e Peleu. Ora, Zeus já não se mostra mais entre os homens — e manda os outros olímpicos em reconhecimento: Hermes, Atena, Apolo. Agora ficou difícil ver os deuses. É o que admite Ulisses, ao falar com Atena: "Deusa, quando te aproximas de um mortal, muito dificilmente este te reconhecerá, por hábil que seja, porque tomas todos os aspectos".* E o *Hino a Deméter* nos oferece a mais sóbria formulação: "Difíceis de ver, pelos homens, são os deuses". Toda

---

* *Odisséia*, tradução portuguesa de Antônio Pinto de Carvalho, a partir da tradução francesa de Médéric Dufour. Nova Cultural, São Paulo, 2002, p. 176. (N. T.)

idade primordial é uma era sobre a qual se diz que, nela, os deuses *quase* desapareceram. Só a poucos, eleitos pelo arbítrio divino, os deuses se mostram: "nem todos conseguem, com seus olhos, ver aparecer os deuses em plena evidência", *enargeîs*, nos diz ainda a *Odisséia*. *Enargés* [visível, manifesto] é o *terminus technicus* da epifania divina: o adjetivo que contém em si o brilho do "branco", *argós*, mas que acabará por designar uma pura, indubitável "evidência". Aquela espécie de "evidência" que, depois, foi herdada pela poesia. E que é, talvez, o traço que mais a distingue de qualquer outra forma literária.

Mas como o deus se manifesta? Na língua grega não se declina *theós*, "deus", no vocativo, observou um ilustre lingüista, Jacob Wackernagel. *Theós* tem, antes de tudo, um sentido predicativo: indica *algo que acontece*. Um magnífico exemplo encontra-se na *Helena* de Eurípides: *Ô theói, theós gár kaí to gignóskein philous* [Ó deuses! É deus o reconhecer os amados].

Nisto Kerényi isolava a "especificidade grega": no "dizer de um evento: 'É *theós*'". E aquele evento que se designa pela palavra *theós* pode facilmente tornar-se Zeus, que é o deus mais vasto, o mais abrangente, o deus que é o rumor de fundo do divino. Dessa forma, Arato, preparando-se para escrever sobre os fenômenos do cosmo, dava ao seu poema este exórdio:

> Com Zeus começamos nós, com aquele que os homens nunca deixam inominado. Cheias de Zeus estão todas as vias, todas as praças dos homens, cheios o mar e os portos. Todos nós de Zeus temos precisão, e de todos os modos. De fato, somos uma estirpe sua.

Iovis omnia plena [tudo cheio de Júpiter], escreverá, depois, Virgílio. Soa, nessas palavras, a certeza de uma presença que se encontra por toda parte no mundo, na multiplicidade dos seus eventos, no entrelaçamento das suas formas. E também uma profunda familiaridade, quase certo descaso ao aludir ao divino. Que estava latente em todos os cantos, pronto para expandir-se. Enquanto isso, a palavra *átheos*, em vez de denotar o incrédulo em relação aos deuses, indicava, com muito mais freqüência, a situação do abandonado pelos deuses, quando estes decidiam evitar qualquer contato com um mortal. Arato escrevia no século III a. C., mas o que aconteceu, na história sucessiva, com essa experiência que para ele era tão óbvia, tão universal? O que o tempo fez com ela? Dissolveu-a, lacerou-a, desfigurou-a, inutilizou-a? Ou se trata de algo que ainda nos vem ao encontro, incólume? E onde?

Numa manhã de 1851, relata Baudelaire, Paris despertou com a sensação de que havia acontecido "um fato importante": algo novo, algo "sintomático", que, no entanto, se apresentava como um simples *fait divers*. Nas cabeças zunia, com insistência, uma palavra: revolução. Ora, ocorreu que, num banquete comemorativo da revolução de fevereiro de 1848, um jovem intelectual propôs um brinde ao deus Pã. "Mas o que tem a ver Pã com a revolução?", perguntou-lhe Baudelaire. "Mas como?", foi a resposta. "É o deus Pã quem faz a revolução. É ele a revolução." Baudelaire insistiu: "Então não é verdade que morreu há muito tempo? Dizem que se ouviu ressoar uma forte voz sobre o Mediterrâneo, e que essa voz misteriosa, que repercutia das Colunas de Hércules [Gibraltar] até as margens da Ásia, teria dito ao velho mundo: O DEUS PÃ MORREU". Mas o jovem intelectual não parecia perturbado. Disse: "É um boato. São maledicências; não há nada de verdadeiro. Não, o deus Pã não morreu! Pã vive ainda", continuou, levantando os olhos para o céu com estranha doçura... "E voltará." Baudelaire comenta: "Estava falando do deus Pã como se falasse do prisioneiro de Santa Helena". Mas o diálogo não terminara, Baudelaire queria saber mais: "Será que você não é pagão?". E o jovem intelectual responde com arrogância: "Mas claro! O senhor não sabe que só o paganismo, se bem compreendido, naturalmente, pode salvar o mundo? É preciso retornar às verdadeiras doutrinas, obscurecidas, *por um instante*, pelo infame Galileu. Além do mais, Juno me lançou um olhar favorável, um olhar que me penetrou até a alma. Estava triste e melancólico em meio à multidão, observando o desfile e pensando, com um sentimento amoroso, naquela bela divindade, quando um dos seus olhares, benévolo e profundo, veio reerguer-me e encorajar-me". E Baudelaire acrescenta: "Juno lhe lançou um dos seus *regards de vache* [olhares de vaca], *Bôôpis Êré*.* Esse infeliz talvez seja louco". A última tirada foi endereçada a um terceiro personagem, que participava silenciosamente do colóquio e que agora sentencia: "Mas você não percebe que se trata da cerimônia do vitelo gordo? Ele olhava para todas aquelas mulheres rosadas com olhos *pagãos*, e Ernestine, que trabalha no Hipódromo e estava representando o papel de Juno, lhe deu uma piscadinha muito sugestiva, um verdadeiro olhar de *vaca*". A esse ponto, o diálogo, tão altissonante e visionário no início, se transformara em puro Offenbach, ou seja: num fragmento de espírito *boulevardier* que precede, de pouco, a própria existência dos *boulevards*. E o jovem intelectual conclui a conversa misturando mais uma vez os tons. "Ernestine é o que você pensa!", disse o pagão descontente. "O senhor está tentando desiludir-me. De qualquer forma, o efeito moral foi produzido — e considero aquela olhada um bom presságio."

Assim, com o *regard de vache* de uma Juno do Hipódromo, que não passava de um circo perto do Arco do Triunfo, incendiado alguns meses antes, os deuses olímpicos anunciavam o seu retorno às praças de Paris. E, segundo o costume do lugar, apregoava-se como novidade — como algo que só existe se acontece sob aquele céu — um evento que já se manifestara em outra paragem e havia muito tempo, isto é, na Alemanha de Hölderlin e de Novalis, cerca de cinqüenta anos antes: o despertar e o retorno

---

* "Hera, olhos de toura", na tradução de Haroldo de Campos, *Ilíada*, I, 551. Mandarim, São Paulo, 2001, p. 63. (N. T.)

dos deuses. E, no entanto, os parisienses haviam tido o privilégio de ser introduzidos àquela Alemanha por meio de uma conhecida exploradora. Quando Madame de Staël começou a percorrer as estradas alemãs como um cronista que freme de impaciência por revelar qual é o tema nevrálgico do momento, a Alemanha era uma floresta encantada no centro da Europa. As suas frondes, assim que ramalhavam, emitiam acordes de um piano romântico. Ainda que não para os ouvidos de Madame de Staël, que só era receptiva às idéias — e sabia usá-las como armas impróprias. Viajando sob o vasto céu de um país no qual reconhecia, com espanto, "os sinais de uma natureza inabitada", a primeira impressão que sentiu foi a de leve desconfiança: "Um não-sei-quê de silencioso na natureza e nos homens num primeiro momento aperta o coração". Entre a petulância lúgubre e agitada da sociedade parisiense e aquela mudez meditabunda havia uma distância que não era espacial e sim especulativa. A primeira singularidade que a cronista observava era que, em terra germânica, "o império do gosto e a arma do ridículo não exercem nenhuma influência". Quando os deuses voltassem a se manifestar naqueles lugares, não seriam corroídos de imediato pela ironia e pelo sarcasmo, como em Paris. O perigo, ao contrário, era que a sua epifania fosse esmagadora. Assim ocorreu com Hölderlin, fulminado por Apolo no caminho de retorno de Bordeaux: "Como se conta nas histórias dos heróis, posso afirmar que Apolo me atingiu", escreveu a Böhlendorff. Mas para que Apolo, "aquele que golpeia de longe", se impusesse com tanta violência a um poeta alemão viajando pela França ocidental, "constantemente comovido com o fogo do céu e o silêncio dos homens", e para que "o fogo do céu" voltasse a significar algo de aterrorizante e de fascinante, e não apenas uma locução decorativa numa pomposa *tragédie classique*, era preciso que, de fato, uma "revolução" — ou antes um poderoso abalo do céu e da terra — tivesse ocorrido.

Somos, pois, reconduzidos ao jovem intelectual parisiense de quem, evidentemente, Baudelaire fazia pouco, e que brindava ao deus Pã porque Pã "era a revolução". E observamos que Baudelaire escreveu *L'école païenne* [A escola pagã] em 1852, enquanto a carta de Hölderlin a Böhlendorff é de novembro de 1802, exatamente cinqüenta anos antes. Baudelaire nos fala, portanto, de um caso de paródia involuntária de uma experiência extrema, a de Hölderlin no período que precede a sua loucura — experiência que, aliás, não apenas não era conhecida na França, à época, como também não havia aflorado nem mesmo na Alemanha, em virtude do sagrado terror que inspirava. Mas os eventos subsistem, têm significado e operam por si próprios, mesmo que não sejam percebidos de imediato. Para se compreender como se chegara àquele desairoso brinde parisiense ao deus Pã, será necessário voltar a Hölderlin na estrada de Bordeaux. Com algumas etapas intermediárias. A primeira nos é oferecida pelo único emissário que a Alemanha do romantismo enviou a Paris: Heinrich Heine. E é o próprio Baudelaire quem comenta o seu diálogo com o jovem intelectual devoto de Pã, fazendo uma referência a Heine: "Parece-me que esse exagero de paganismo seja típico de um homem que leu demais e que leu mal o poeta Heinrich Heine e a sua literatura corrompida pelo sentimentalismo materialista". A acidez dessa assertiva poderia levar-nos a pensar que Baudelaire abominava Heine. Mas é exatamente o contrário. Daí a pouco, começa a defini-lo como "dotado de um talento encantador, que seria genial se se voltasse, com mais freqüência, para o divino". E não apenas isso. Quando Jules Janin publicou, em 1865, um artigo hostil a Heine, Baudelaire foi tomado por "uma grande raiva", como se aquela crítica lhe houvesse tocado um nervo sensível. E se pôs a escrever uma veemente defesa de Heine, poeta — afirmava — ao qual "a França não está em condições de contrapor ninguém". Mas as coisas não foram muito além daquele estado de furibunda excitação. E, assim, pôde escrever a Michel Lévy: "Depois, uma vez a coisa feita, e contente de tê-la feito, guardei-a comigo; não a mandei para jornal algum". Por sorte, o rascunho não se perdeu. E nele se destaca, especialmente, uma frase que é o insuperável epitáfio de qualquer culto da felicidade: "*Je vous plains, monsieur, d'être si facilement heureux*" [Lamento, senhor, que fiqueis feliz tão facilmente].

Atacando Heine, Janin havia investido contra todos os poetas "melancólicos e trocistas", aos quais Baudelaire tinha consciência de pertencer. Daí o tom vibrante e exacerbado da resposta, como se fosse uma autodefesa. Portanto, se Baudelaire, na sua admiração por Heine, chegava a identificar-se com ele, podemos concluir que as linhas desrespeitosas da *École païenne* sobre Heine não representam, com certeza, o seu pensamento. E este é o indício que confirma uma suspeita decisiva: Baudelaire escrevera o artigo inteiro pondo-se na pele dos seus adversários. Do início ao fim, a passagem é composta como elaborada encenação. E há mais: não apenas Baudelaire assume a posição dos seus adversários como também parece sugerir-lhes argumentos bem mais eficazes e fustigantes do que os que eles próprios teriam imaginado. Isso ilumina, sobretudo, a seção final do trecho, após o aparte sobre Heine. Aqui caímos de novo, e de repente, em Offenbach:

> Retornemos ao Olimpo. Há algum tempo estou com todo o Olimpo no meu encalço e sofro muito com isso; caem-me os deuses sobre a cabeça como se fossem telhas. Parece que estou num pesadelo, como se me precipitasse no vazio e uma multidão de ídolos de madeira, de ferro, de ouro e de prata tombasse junto comigo, seguisse-me na queda, me ferisse e me quebrasse a cabeça e os quadris.

Essa visão hilariante e sinistra poderia ser o *galope* final da primeira metade do século XIX, que vira não apenas os deuses da Grécia invadindo, de novo, a psique mas, por trás deles, um variegado cortejo de ídolos com nomes freqüentemente impronunciáveis: a *renaissance orientale*, filtrada pelos estudos dos filólogos que traduziam, pela primeira vez, textos capitais, e reproduzindo-se em forma de estátuas, relevos, amuletos etc., nos vastos depósitos dos museus. Finalmente, os ídolos voltavam a assediar a Europa — e exatamente nos anos em que se elaborava o rico *sottisier* [coleção de disparates] do Progresso e da esclarecedora Razão.

Assim, parece obedecer a um admirável senso de oportunidade o fato de que, a uma distância de poucos meses da *École païenne*, a *Revue des deux mondes* tenha publicado *Les dieux en exil* [Os deuses no exílio], de Heine, que é quase um seu contracanto. Heine explicava que, antes de invadirem novamente a cena, os deuses pagãos haviam sido forçados a levar uma longa e tormentosa vida clandestina, "entre coquetes e homens mal-encarados, nas ruínas sombrias do seu antigo esplendor". Grande parte do que o mundo chama hoje de "satânico" — acrescentava — era, na origem, simplesmente pagã. Mas o que ocorre quando os deuses voltam a mostrar-se em seu pleno fascínio, quando Vênus uma vez mais seduz um mortal, como Tannhäuser? Não poderemos dizer, então, *incessu patuit dea** e nem reconheceremos nela uma "nobre calma", segundo a expressão de Winckelmann. Ao contrário, Vênus virá ao nosso encontro como um "ser demoníaco, uma mulher diabólica que, apesar de toda a sua vaidade olímpica e da grandeza da sua paixão, deixa transparecer a dama galante; é uma cortesã celeste, perfumada de ambrosia, é uma divindade das camélias e, por assim dizer, uma *déesse entretenue*".

---

* Na tradução de F. R. dos Santos Saraiva, "mostrou ser uma deusa pelo seu ardor", *Novíssimo Dicionário Latino-Português*. Garnier, Rio de Janeiro, 2000, p. 852. (N. T.)

A verdadeira notícia do dia é, portanto, esta: as divindades do Olimpo existem e atuam ainda, mas vivem no *demi-monde*. Cúmplices como dois prestidigitadores, Baudelaire e Heine fazem convergir o despertar dos deuses e a paródia para uma mescla irreversível. E, com isso, prefiguram um estado de coisas ao qual, ainda hoje, pertencemos.

Mas uma outra surpresa nos espera nos últimos parágrafos da *École païenne*, precedidos por um espaço em branco que anuncia uma brusca mudança de registro. De repente, o tom se faz grave e austero, como se Baudelaire assumisse a atitude de um pregador barroco, uma espécie de Abraham a Santa Clara que investe contra as armadilhas do mundo:

> Mandar embora a paixão e a razão significa assassinar a literatura. Renegar os esforços da sociedade anterior, filosófica e cristã, significa suicidar-se, significa rejeitar a força e os meios de aperfeiçoamento. Cercar-se apenas das seduções da arte física significa criar altas probabilidades de perder-se. A longo prazo, muito a longo prazo, só sereis capazes de ver, amar e sentir o belo, nada mais que o belo. Tomo essa palavra no seu sentido restrito. O mundo só vos aparecerá em sua forma material. Os mecanismos que regem o seu funcionamento ficarão ocultos por longo tempo.
>
> Possam a religião e a filosofia voltar um dia, compelidas pelo grito de um desesperado! Esse será sempre o destino dos insensatos que não vêem, na natureza, outra coisa a não ser ritmos e formas. De todo modo, de início a filosofia vai lhes parecer apenas um jogo interessante, uma ginástica agradável, um exercício no vazio. Mas como serão punidos! Todo menino cujo espírito poético for superexcitado, que não deitar, de imediato, o olhar sobre o espetáculo estimulante dos costumes ativos e laboriosos, que ouvir, continuamente, falar de glória e de voluptuosidade, cujos sentidos forem, todo dia, afagados, atiçados, assombrados, incita-

dos e saciados por objetos de arte, tornar-se-á o mais infeliz dos homens e fará os outros infelizes. Aos doze anos levantará as saias da sua ama e, se o poder no mundo do crime ou no da arte não o elevar acima dos destinos comuns, aos trinta anos definhará num hospital. Sua alma, sempre irritada e insatisfeita, erra pelo mundo, o mundo ocupado e laborioso; erra, quero dizer, como uma prostituta, e grita: Beleza plástica! Beleza plástica! A beleza plástica (esse termo horrendo me dá arrepios!) envenenou-a, e no entanto só consegue viver graças ao veneno. Ele expulsou a razão do seu coração, e, como justo castigo, a razão se recusa a retornar a ele. O melhor que lhe pode acontecer é que a natureza o golpeie com uma terrível chamada à ordem. De fato, essa é a lei da vida: quem rejeita as alegrias puras da atividade honesta só pode sentir as alegrias terríveis do vício. O pecado contém o seu inferno, e a natureza diz, de quando em quando, à dor e à miséria: Ide derrotar aqueles rebeldes!

O útil, o verdadeiro, o bom, aquilo que, verdadeiramente, é amável, tudo isso lhe será desconhecido. Apaixonado por seu sonho desfibrado, pretenderá influenciar e enfraquecer os demais. Não pensará na sua mãe, na sua ama; fará em pedaços os seus amigos e não os amará *a não ser por sua forma*; quanto à sua mulher, caso tenha uma, irá desprezá-la e aviltá-la.

O gosto desmedido pela forma leva a desordens monstruosas e desconhecidas. Diluídas pela paixão feroz pelo belo, pelo bizarro, pelo gracioso, pelo pitoresco — já que as possibilidades são diversas —, as noções do bom gosto e do autêntico desaparecem. A paixão frenética pela arte é um câncer que devora o resto; e, já que a ausência drástica do justo e do verdadeiro equivale à ausência de arte, o homem inteiro desaparece; a especialização excessiva de uma faculdade desemboca no nada... É preciso que a literatura vá recuperar as suas forças numa atmosfera melhor. Está próximo o momento em que se perceberá que toda literatura que recusa ir avante, fraternamente, entre a ciência e a filosofia, é uma literatura homicida e suicida.

A ambigüidade dessa página nos deixa perplexos. Baudelaire parece querer engatar as suas convicções mais profundas e os argumentos dos seus piores inimigos numa mesma corrente. Ao lê-la, vem-nos uma dúvida que afeta tudo. A impressão predominante é a de ouvir um adversário teológico de Baudelaire, mas que dispusesse da sua eloqüência penetrante e do seu *pathos*. Bem como da sua irreprimível inclinação para o grotesco, que se faz reconhecer, por exemplo, na frase em que o garoto estético e satânico nos é mostrado quando, "aos doze anos", levanta "as saias da sua ama". Ou quando, como um Monsieur Prudhomme *ante litteram*, Baudelaire invoca os "costumes ativos e laboriosos" e as "alegrias puras da atividade honesta". Detalhes que parecem disseminados de propósito, como sinais adicionais de um perverso jogo de papéis trocados. Mas deve-se dizer também que, nas partes em que o texto não é bufo, e o tom é austero e duro, a argumentação não deixa de ter certa eficácia sombria. É como se Baudelaire tivesse evocado, aqui, a figura de um Grande Inquisidor, antecipando o penoso Ministério Público que convidará a condenar *Les fleurs du mal* [As flores do mal] e transformando-o num Joseph de Maistre literário.

Mas por que recorrer a acentos tão graves? O motivo é evidente: algo de profundamente insidioso estava ocorrendo — aliás, já acontecera: a evasão dos deuses pagãos dos nichos da retórica, onde muitos pretendiam tê-los confinado. Um dia, esses nichos apareceram vazios. E agora aqueles nobres foragidos se misturavam zombeteiros no meio das multidões das metrópoles. Foi Verlaine quem, com a sua desarmante naturalidade, relatou esse caso estranho num soneto juvenil intitulado *Les dieux* [Os deuses]:

Vaincus, mais non domptés, exilés mais vivants
Et malgré les édits de l'Homme et ses menaces,
Ils n'ont point abdiqué, crispant leurs mains tenaces
Sur des tronçons de sceptre, et rôdent dans les vents.*

A visão é lúgubre. Os deuses sedutores rodopiam como "espectros rapaces" na desolação. Chegou o seu momento de soar a "revolta contra o Homem", no qual reconhecemos o eterno boticário Homais, ainda "estupefato" por ter conseguido afugentá-los e já pronto para afligir a Humanidade com o desairoso peso de uma maiúscula. Seguia-se um último aviso:

Du Coran, des Vêdas e du Deutéronome,
De tous les dogmes, pleins de rage, tous les dieux
Son sortis en campagne: Alerte! et veillons mieux.**

Ficamos com a impressão de que o retorno dos deuses oscilava, com preocupante facilidade, entre o *vaudeville* e a novela de terror. Mas, por trás desse esquema, o inominado Inquisidor percebia um perigo ainda mais sutil: a emancipação do estético. É como se prognosticasse aquela *justificação estética* do mundo que só Nietzsche, anos mais tarde, se arriscaria a enunciar. A insídia está no fato de a categoria do Belo desvincular-se de suas obediências canônicas: ao Verdadeiro e ao Bom. Se isso ocorre — e aqui o Inquisidor é instrutivo —, desenvolve-se um "gosto imoderado pela forma" e "a paixão frenética pela arte [...] devora o resto". No final, nada permanece, nem a própria arte. Fica

---

* Vencidos mas não domados, exilados mas vivos/ E malgrado os editos humanos e suas ameaças,/ Não abdicaram, crispando suas mãos tenazes/ Em pedaços de cetro, e giram nos ventos.
** Do Deuteronômio, dos Vedas e do Alcorão,/ De todos os credos, cheios de fúria, os deuses todos/ Estão em ação: Alerta! Mais atenção!

um fundo que é só estético, e onde, no entanto, "o nada transparece" (segundo a fórmula de Valéry). Mas não é esse o argumento básico que, daquela época até hoje, tem sido desembainhado contra a literatura nova — e, em todo caso, contra a grande literatura, a partir do próprio Baudelaire? As frases mais significativas do texto — "o gosto imoderado pela forma", "a paixão feroz pelo belo", "a paixão frenética pela arte" — logo se transformariam na "magia do extremo" de Nietzsche e no "fanatismo da forma" de Benn: que são, de resto, a real descendência do próprio Baudelaire. Nós percebemos, então, que a arenga do Grande Inquisidor lança a sua sombra muito adiante. E, justamente, Edgar Wind já havia percebido o seu som pressagioso no magistral *Art and anarchy*, de sua autoria.

A divagação de Baudelaire sobre a *école païenne* tem algo de único porque consegue articular, em poucas páginas, e num estilo bastante colorido, três elementos que, antes, nunca haviam sido considerados inextricavelmente conexos: o despertar dos deuses, a paródia e a literatura absoluta (se com isso se entende a literatura na sua forma mais aguçada e intolerante, de qualquer camada social). Desloquemo-nos, agora, para a cena hodierna, tal qual aparece, todos os dias, aos nossos olhos: antes de tudo, os deuses ainda estão presentes. Mas não são mais uma só família, ainda que complicada, habitando vastas moradas esparsas sobre as encostas de uma montanha. Atualmente são uma multidão que pulula numa cidade exterminada. Não importa se, com freqüência, seus nomes soam exóticos e impronunciáveis, como os que se lêem junto às campainhas das casas de imigrantes. O poder das suas histórias continua a agir. Mas a situação tem algo de peculiar: a compósita tribo dos deuses sobrevive, hoje, somente em suas histórias e em seus ídolos dispersos. A via do culto está obstruída. Ou porque não existe mais um povo de devotos que faça os gestos rituais. Ou, então, porque esses gestos terminam cedo demais: as estátuas de Shiva e de Vishnu continuam a receber homenagens, mas Varuna, no entanto, é uma entidade remota, sem perfil, para um indiano de hoje. E Prajapati encontra-se só nos textos. Esta, podemos dizer, passou a ser a condição natural dos deuses: aparecer nos livros. E, com freqüência, em livros abertos por poucos. Será isso, por acaso, um prelúdio à extinção? Só aparentemente. Porque, nesse meio tempo, todas as potências do culto migraram para um único ato, imóvel e solitário: o de ler. Por um imenso equívoco, o mundo, obnubilado pela embriaguez telemática, põe-se questões bastante ocas sobre a continuidade do livro. Ao passo que o fenômeno grandioso que está diante de nós e não é mencionado é outro: a altíssima, inaudita concentração de potência que se acumulou, e se está acumulando, no puro ato de ler. Não importa se diante de nossos olhos está uma tela ou uma página, não importa se desfilam números, fórmulas ou palavras, nada muda: trata-se sempre de leitura. O teatro da mente parece ter se dilatado para acolher multidões prolíficas de signos em expectativa, incorporados naquela prótese que se chama *computador*. Mas, com supersticiosa segurança, todos os sortilégios e todos os poderes são atribuídos ao que aparece na tela, não à mente que o elabora — e, acima de tudo, o *lê*. E, no entanto, o que poderia ser tão avançado, tecnologicamente, quanto uma transformação que ocorre de modo totalmente invisível, como no interior da mente? O processo está prenhe de conseqüências ocultas: ainda que a mente seja rudimentar, ao unir-se à tela para formar um novíssimo Centauro, ela se acostuma a se ver como um teatro ilimitado. É o que basta no início. Aquela cena interminável a nada se assemelha mais do que à vibrante extensão oceânica na qual os videntes védicos reconheciam a própria mente, *manas*. E, agora, nos interstícios daquele teatro, já se abrem, diante dos olhos de todos, as vastas cavernas onde ressoam, como sempre, os nomes dos deuses.

O mundo — já é tempo de dizer (mesmo que a notícia venha a desagradar a muitos) — não tem nenhuma intenção de desencantar-se até o fundo, mesmo porque, se o fizesse, iria se aborrecer imensamente. Com o tempo, a paródia se transformou numa película sutil que envolve tudo. Hoje, aquilo que era, em Baudelaire e em Heine, uma farpa envenenada no estilo de Offenbach revelou-se como o código de uma época. Atualmente, qualquer coisa que se manifeste aparece, antes de tudo, como paródia. Paródia é a própria natureza. Depois, com esforço e com muita sutileza, pode ocorrer que algo consiga ir *além* da paródia. Mas será preciso, sempre, confrontá-lo com aquilo que é a sua versão paródica original. Ou seja: a literatura absoluta. O que, segundo o Grande Inquisidor de Baudelaire, ainda se manifestava como perigo na sombra, insídia serpeante e eventual degeneração revelou-se como a própria literatura. Ou, ao menos, aquela única espécie de literatura da qual vim aqui para lhes falar.*

---

* O presente volume reúne oito conferências que o autor ministrou em Oxford, em maio de 2000.

2. Águas mentais

Os deuses se manifestam intermitentemente, de acordo com a expansão e o refluxo daquela que Aby Warburg chamou de "onda mnêmica". A expressão, que se encontra no início de um ensaio póstumo sobre Burckhardt e Nietzsche, alude àqueles sucessivos choques de memória que atingem uma civilização em relação ao seu passado, neste caso àquela parte do passado ocidental que é habitada pelos deuses gregos. Toda a história européia é acompanhada por essa onda, que, por vezes, inunda e, às vezes, recua — e os dois casos escolhidos por Warburg correspondem a uma polaridade de reações observável num momento em que a onda é poderosa e invasora. Antes de tudo, Burckhardt e Nietzsche estavam associados, segundo Warburg, pelo fato de serem dois nigromantes na sua maneira de tratar o passado. Mas bem diversa, e até oposta, era sua atitude em relação à "onda mnêmica". De um lado está Burckhardt, que pretende, até o fim, manter, escrupulosamente, um senso de distância, até porque tem exata percepção do perigo, do terror que acompanha essa onda. Do outro, Nietzsche, que se abandona à onda, que passa a ser a onda, até os dias em que assina, em Turim, alguns bilhetes com o nome de Dioniso. E, em particular, um ao próprio Burckhardt, que termina com as seguintes palavras: "Agora Vossa Senhoria é — ou melhor: tu és — o nosso grande, o nosso supremo mestre, já que eu, ao lado de Ariadne, tenho a incumbência de ser apenas o áureo equilíbrio de todas as coisas. Sempre há os que estão acima de nós..." Assinado: Dioniso. Mas é possível dizer que, desde a Academia dos *Orti Oricellari*, na Florença da primeira metade do século XV (freqüentada por Ficino, Poliziano e Botticelli), até os nossos dias, há sempre uma sucessão de altos e baixos. E a depressão mais profunda dessa onda parece ter sido certo momento do século XVIII francês, quando, com muita desenvoltura e com certa prepotência hilare, os intelectuais ridicularizaram os pueris mitos gregos, o bárbaro Shakespeare e os sórdidos relatos bíblicos, por considerá-los criações de sacerdotes desejosos de sufocar as Luzes nascentes. E era até possível que esse múltiplo escárnio emanasse de uma só cabeça: a de Voltaire.

No curso dessa longa, tortuosa, insidiosa história, os deuses pagãos podem assumir todo tipo de perfil, de camuflagem, de encargo. Com freqüência, têm mera existência cartácea, como alegorias morais, personificações, prosopopéias e outras sutilezas retiradas do equipamento da retórica. Por vezes, são cifra secreta, como nos textos alquímicos. Outras vezes, puro pretexto lírico, sonoridade evocativa. E, no entanto, temos quase sempre a sensação de que, à sua natureza, não se concede livre curso, como se um silencioso temor os acompanhasse, como se o dono da casa — a mão que escreve — os considerasse hóspedes eminentes mas incontroláveis e, portanto, a ser observados discretamente. Há muito eufemizados e refreados nos textos literários, os deuses estão mais à vontade na pintura. Graças à sua mudez, que lhe permite ser imoral sem o declarar, a imagem pintada pode restituir os deuses às suas aparições fascinantes e aterrorizantes desde que na condição de simulacros. Assim, um longo, ininterrupto *festim dos deuses* acompanha a história ocidental, a partir de Botticelli ou Giovanni Bellini, passando por Guido Reni ou Bernini, e também por Poussin ou Rembrandt (o *Rapto de Prosérpina* já seria suficiente), e ainda por Saraceni ou Furini ou Dossi, até Tiepolo. São esses, por quase quatro séculos, os nossos deuses: silenciosos e irradiantes nas suas pinacotecas, parques e gabinetes ocultos. Se suprimíssemos as representações dos deuses pagãos da pintura entre os séculos xv e xviii, estaríamos criando uma voragem central, um sorvedouro, e o desenvolvimento da arte naqueles séculos pareceria desconexo e esquizóide, como se a passagem de um estilo a outro e de uma época a outra tivesse ocorrido secretamente, por intermédio dos próprios deuses e dos seus emissários, fossem eles as ninfas, os sátiros ou quaisquer outros mensageiros.

Mas sobretudo ninfas. Foram esses seres femininos, de vida imensamente longa mas não imortais, que formaram, de fato, e por séculos, o esquadrão mais fiel a acompanhar as metamorfoses do estilo. Anunciadas pela primeira vez no século xv florentino, pela aragem que enrugava as suas túnicas (e era uma *brise imaginaire*, como observou Warburg), elas nunca deixaram de nos fitar, a partir de fontes, lareiras, tetos, colunas, balcões, edículas e balaustradas. E não eram apenas um pretexto erótico para que um seio ou um ventre descoberto ocupassem nichos do campo visual, ainda que, por vezes, o tenham sido. As ninfas são os arautos de uma forma de conhecimento, talvez a mais antiga e, com certeza, a mais perigosa: a possessão. O primeiro a constatar isso foi Apolo, quando assediou, e depois desapossou, a ninfa Telfusa, guardiã solitária de um "lugar intacto" (*chôros apémon*), como diz o *Hino homérico*, nas vizinhanças de Delfos. Ali chegara o deus, na sua busca de um sítio para fundar um oráculo para os que viviam no Peloponeso, nas ilhas, e para "todos os que habitavam a Europa" — e este é o primeiro texto no qual a

Europa é citada como entidade geográfica, ainda que significando apenas a Grécia central e setentrional. Apolo encontrou primeiro a ninfa Telfusa e, depois, a serpente Píton. Ambas protegiam uma "fonte de belas águas", como diz o *Hino*, usando a mesma fórmula por duas vezes. Às duas, Apolo se dirigiu com palavras idênticas, anunciando seus propósitos. Já que, nelas, uma mesma potência se desdobrava, aparecendo ora sob o aspecto de uma moça encantadora, ora como enorme serpente enrodilhada. Um dia, as duas figuras se reuniriam em Melusina. No momento, o que as vinculava era aquilo que guardavam: uma fonte borbulhante. Água poderosa e sapiente. Apolo foi, antes de tudo, o primeiro invasor e usurpador daquele saber que não lhe pertencia: um saber líquido, fluido, ao qual o deus vai impor o seu ritmo. Desde então, foi conhecido como Apolo Telfúsio.

Nymphé significa "moça em idade de casar-se" e "nascente". Os dois significados completam um ao outro. Aproximar-se de uma ninfa significa ser arrebatado, possuído por algo, mergulhar num elemento macio e flexível que pode revelar-se, com igual probabilidade, excitante ou funesto. Sócrates, no *Fedro*, gabava-se de ser um *nymphóleptos*, "capturado pelas ninfas". Mas Hilas, o amante de Hércules, foi, para sempre, engolido por um lago habitado pelas ninfas. O braço da ninfa que o cingia com o fito de beijá-lo "fazia", ao mesmo tempo, "que afundasse em meio ao vórtice". Nada é mais terrível, nada é mais precioso do que o saber que vem das ninfas. Mas o que são as suas águas? Só no fim da era pagã isso nos foi sussurrado, quando Porfírio, no *Antro das ninfas*, cita um hino a Apolo, no qual se mencionam as *noerôn hydáton*, as "águas mentais" que as ninfas doaram a Apolo. Conquistadas, as ninfas estão à disposição. Ninfa é a fremente, oscilante, cintilante *matéria mental* de que são feitos os simulacros, os *éidola* [ídolos]. E é a própria matéria da literatura. Toda vez que aparece a ninfa, vibra aquela matéria divina que se plasma nas epifanias e se estabelece na mente, aquela pujança que precede e sustenta a palavra. Desde o momento em que a potência se manifesta, a forma a segue e se adapta, articulando-se segundo o fluxo.

A última grandiosa e flamejante celebração da Ninfa se encontra em *Lolita*, a história de um *nymphóleptos*, o professor Humbert Humbert, o "caçador encantado" que entra no reino das ninfas seguindo um par de meias brancas e uns óculos em forma de coração. Nabokov, que em seus livros revelava segredos óbvios e evidentes mas que ninguém via, expôs os motivos da sua dilacerada, suntuosa homenagem às ninfas já nas primeiras dez páginas do romance, lá onde, com a exatidão do lexicógrafo, explicava que, "às vezes, algumas garotas, entre nove e catorze anos, revelam, a certos viajantes encantados — os quais têm o dobro da sua idade (ou até mais) —, a sua verdadeira natureza, que não é humana, mas sim de ninfa (e, portanto, demoníaca); e, a essas criaturas eleitas, convém dar o nome de 'ninfetas'". Ainda que a palavra "ninfeta" viesse a encontrar imensa fortuna, sobretudo no circuito ecumênico da pornografia, não foram muitos os leitores a se dar conta de que, naquelas linhas, Nabokov oferecia a chave do seu enigma. Lolita é uma ninfa que vaga entre os motéis do Meio-Oeste, "um demônio imortal disfarçado de menina", num mundo onde os *nymphóleptoi* só podem escolher entre ser considerados criminosos ou psicopatas, como o professor Humbert Humbert. É fácil passar das "águas mentais" das ninfas para o reino dos deuses. Até porque, ao fazerem incursões pelo mundo, estes últimos eram atraídos mais pelas ninfas do que pelos seres humanos. Ninfa é o *medium* onde as divindades e os aventureiros se encontram. Quanto às primeiras, como reconhecê-las? Nisso, os escritores nunca foram muito preconceituosos. Sempre agiram como se estivesse subentendida uma inspirada observação de Ezra Pound: "Não tendo sido encontrada, jamais, uma metáfora adequada para certos matizes emocionais, posso afirmar que os deuses existem". O escritor é aquele que *vê* esses "matizes emocionais".

Quanto à verdade esotérica de *Lolita*, Nabokov, em outra passagem, condensou-a numa minúscula frase que parece uma lasca de diamante presa no enredo do romance: "A ninfolexia é uma ciência exata". Deixou de dizer, apenas, que tal "ciência exata" era a que tinha, desde sempre, praticado, e mais ainda do que a entomologia, ou seja: a literatura.

Se as ninfas abrem caminho, outras figuras divinas podem irromper na literatura também. Dessa forma, pôde ocorrer que, em alguns raros momentos de pura incandescência, os próprios deuses voltassem a ser uma presença que deixa os homens emudecidos e subjugados, como num encontro com um misterioso viandante. Foi esse o caso de Hölderlin. Nascido no final da época mais árida e refratária aos deuses, no ano de 1770, dir-se-ia que, desde o início, estava destinado a receber a "vaga mnêmica" como um choque de ondas sobre um rochedo. Mas não se deve acreditar que a sensibilidade desse autor se destacasse de forma solitária, no momento em que estava prestes a iniciar a produção dos seus hinos. Quando era preceptor na casa de Diotima — ou Susette Gontard, mulher de um banqueiro de Frankfurt — e Apolo não o havia fulminado ainda numa estrada francesa, veio visitá-lo, em outubro de 1797, o jovem Siegfried Schmid, de 23 anos. Falaram de poesia durante duas horas na mansarda onde Hölderlin vivia. De volta à Basiléia, Schmid escreveu ao poeta uma carta que vibrava ainda com túrbido entusiasmo. E acrescentava alguns versos, entre os quais este dístico:

> *Alles ist Leben, beseelt uns der Gott, unsichtbar, empfundnes.*
> *Leise Berührungen sind's; aber von heiliger Kraft.*[*]

---

[*] Tudo é vida (se nos alenta o deus), invisível, sentida/ São leves toques; mas de força sacra.

Dificilmente seria possível indicar melhor, e com mais sobriedade, qual era a tonalidade fundamental não de um único artista, mas da psique poética do momento. Esse já é um exemplo daquela "clareza da representação" que, "para nós, originalmente, é tão natural quanto, para os gregos, o fogo do céu", teria dito o próprio Hölderlin. Antes que aparecessem nomes, que a Grécia ressurgisse freneticamente com suas figuras, com seus clamorosos cortejos, tratava-se aqui, apenas, de "leves toques", que indicavam a presença de um deus desconhecido. E era essa a experiência na qual tudo se baseava. Depois, cada um a elaborava à sua maneira. Dois anos antes, Herder já se perguntara se aquele novo ser de que tanto se falava — a nação — não deveria ter uma mitologia própria, e vaticinava uma ressurreição do mito contido na *Edda*. Mas Schiller lhe respondera que preferia permanecer do lado dos mitos gregos e, assim, "aparentado a uma época remota, estranha e ideal, uma vez que a realidade só poderia trazer impureza". E, poucos meses depois, Friedrich von Schlegel teria se perguntado se era possível conceber "uma nova mitologia". Questão capital, que iria repercutir por toda a Europa, até Leopardi. O qual se inclinava, certamente, para as "fábulas antigas", vistas como misteriosos resquícios de um mundo no qual a razão ainda não pudera espalhar aquela energia que "torna pequenos, vis e nulos todos os objetos sobre os quais ela atua, que anula o grande, o belo e, por assim dizer, a própria existência, e é a verdadeira mãe e causa do nada, já que as coisas vão diminuindo à medida que ela cresce". Mas a visão de Leopardi era lúcida demais (e preciso demais o seu ouvido) para que não percebesse que a "antiga mitologia", se transportada para o mundo de hoje, integralmente, como uma coleção de estátuas de gesso, "não poderia mais produzir os resultados de outrora". De fato, "aplicando, novamente, os mesmos disfarces, tanto a argumentos antigos quanto, principalmente, a assuntos modernos, encontramos sempre alguma coisa de árido e falso, porque falta a persuasão, mesmo que a parte do belo imaginário, do maravilhoso, seja perfeita". A nós, modernos, entende Leopardi, falta a "persuasão" — que não é outra coisa senão o cruzamento inextricável das "fábulas antigas" com os gestos e as crenças compartilhadas por uma comunidade —, "já que nós, com a literatura, não herdamos também a religião grega e latina". Na falta desse substrato, impõe-se a conclusão de que "os escritores italianos e estrangeiros que usam as fábulas antigas à maneira antiga ultrapassam todos os limites do mimetismo equilibrado". O resultado é uma "afetação e uma ficção bárbara", uma atitude desairosa: "simulam ser italianos antigos e dissimulam, ao máximo, ser italianos modernos". Esse é o Leopardi que não perdoa — e parece assinar uma sentença de morte não apenas contra os ímpetos românticos para as "fábulas antigas" mas também contra toda a gestualidade verbal (que ainda não nascera) dos parnasianos e dos simbolistas, os quais invocavam os deuses para esconder o botequim da esquina. Mas, para além desse juízo cortante a respeito de qualquer veleidade de "nova mitologia", encontramos, em Leopardi, uma tolerante e clarividente justificação do uso das "fábulas antigas". Estas servem — aliás são preciosas — para escapar à asfixia do próprio tempo, em relação ao qual o poeta é sempre um sabotador, já que "tudo pode ser contemporâneo a este século, exceto a poesia". E é possível dizer que, aqui, Leopardi está preparando uma generosa defesa de Flaubert, para absolvê-lo do único pecado do qual pode ser acusado: não a imoralidade de *Madame Bovary*, certamente, mas sim o coruscante naufrágio de *Salammbô*. Escutemos a peroração:

> Perdão, portanto, se o poeta moderno segue as coisas antigas, se utiliza a linguagem, o estilo e a maneira antiga, se usa, igualmente, as antigas fábulas, se se achega às antigas opiniões, se prefere os

antigos costumes, usos, eventos, se imprime à sua poesia um caráter de outro século, se procura, em suma, ser antigo — no que diz respeito ao espírito ou à índole — ou, então, parecer antigo. Perdão se o poeta e a poesia moderna não se mostram, não são contemporâneos deste século, já que ser contemporâneo deste século é (ou implica) essencialmente não ser poeta, não ser poesia.

Leopardi falava dos autores que *mencionavam* os deuses antigos. Mas há um escritor em relação ao qual existe a suspeita de que tenha visto os deuses *enargeîs*, absolutamente "evidentes": Hölderlin. Em comparação com qualquer outro contemporâneo, o que aconteceu com Hölderlin — e, no dístico, delicadamente, Schmid o anunciava — foi algo de muito mais radical. É preciso aventurar-se *por trás* dos deuses, até o puro divino, ou seja: o "imediato", como escreveu Hölderlin um dia, num admirável fragmento sobre Píndaro. E o imediato é aquilo que se furta não só aos homens como também aos deuses: "O imediato, a rigor, é impossível para os mortais, bem como para os imortais". As palavras de Hölderlin dizem respeito ao fragmento de Píndaro no qual se fala do *nómos basileús*, da "lei que reina sobre todos, mortais e imortais". Por mais que seja diverso, o divino é, com certeza, aquilo que, da forma mais intensa possível, nos dá a sensação de estar vivos. Isso é o imediato. Mas a pura intensidade, como evento contínuo, é "impossível"; seria esmagadora. Para manter a sua soberania, o imediato deve transmitir-se por meio da lei. Se a própria vida é o supremo invisível, a lei, que permite "distinguir mundos diversos", seja para os mortais seja para os imortais, é aquilo que transmite a sua natureza. Pelo menos se, com essa palavra, se entende — sempre seguindo Hölderlin — o que "está acima dos deuses do Ocidente e do Oriente". Dela se diz também que "foi gerada do sacro caos". A essa altura, Heidegger se perguntava: "como podem estar juntos *cháos* e *nó*-

mos?". O caráter mais temerário da poesia de Hölderlin encontra-se talvez nisto: antes dele (e depois dele), o caos e a lei jamais se haviam aproximado tanto e nunca tinham reconhecido, como na Índia védica — onde Daksha, o supremo sacerdote, é filho de Aditi, a Ilimitada, e Aditi é filha de Daksha —, uma relação de geração recíproca. O caos gera a lei, mas apenas a lei dá acesso ao caos. O inabordável imediato é o caos — e "o caos é o próprio sagrado", acrescenta Heidegger, e logo desenvolve uma modulação que teria parecido óbvia aos teóricos do *nirukta* e soa incongruente aos lingüistas ocidentais, do verbo *ent-setzen*, "deslocar", para o neutro *das Entsetzliche*, "o tremendo", que serve para definir o sagrado: "o sagrado é o próprio tremendo (*das Entsetzliche*)". E, aqui, segue-se uma frase misteriosa: "Mas o tremendo permanece oculto na brandura de um suave amplexo". Palavras nas quais, em transparência — uma transparência certamente desejada por Heidegger —, sentimos ressoar Rilke:

*Denn das Schöne ist nichts
als des Schrecklichen Anfang, den wir noch grade ertragen.**

E, ao mesmo tempo, reencontramos, aí, a frase do jovem Schmid: "São leves toques, mas de força sacra". Entre Schmid e Rilke, de 1797 a 1823, o mesmo calafrio, de êxtase e de assombro, havia, sempre, atravessado o texto. Tinha sido esse o período no qual a epifania de uma multiplicidade de deuses se fizera acompanhar por um abalo das formas, por um prolongado contato com o "sacro caos", pelo desligamento da literatura de toda obediência precedente.

Mas, mesmo no que diz respeito a essa nova visão do caos, seria equivocado acreditar que ela fosse um traço peculiar e ex-

---

* Porque o belo não passa/ do início do tremendo, tal como conseguimos suportar.

clusivo de Hölderlin. Aliás, é possível definir qual é o ano glorioso do caos. É 1800. É quando ele escreve *Wie wenn am Feiertage...*, que, no entanto, só alcançará os seus leitores em 1910, ano de sua publicação por Hellingrath. Aparece, aí, o mote inaugural: *das Heilige sei mein Wort*, "o sagrado seja a minha palavra"; aí, três versos depois, fala-se da natureza "despertada com clangor de armas"; aí, logo a seguir, menciona-se o "sacro caos". Ora, em abril de 1800, podia-se ler, no quinto fascículo do *Athenaeum*, a "Conversa sobre a Poesia", de Friedrich Schlegel. E, nesse texto, uma vez que, em Schlegel, não mais se expressa uma singularidade irredutível, e sim a voz de um grupo unido pela afinidade (de um *Bund* que se estendia de Novalis a Schelling), somos forçados a reconhecer que certas palavras já haviam adquirido uma ressonância até então inaudita. De repente, a palavra "caos" se enche de significados exaltantes. Em vez de contrapor-se à forma, como sua inimiga, ela parecia indicar uma configuração mais elevada, de fragrante vivacidade, em que, finalmente, natureza e artifício se mesclam para não cindir-se mais, na "bela desordem da imaginação". E Schlegel, em busca de um símbolo que indicasse o "caos original da natureza humana", reconhecia não ter condições de encontrar nada melhor do que o "rutilante emaranhamento dos deuses antigos". É essa a conexão a partir da qual, daquele momento em diante, o novo afloramento das divindades vai parecer cúmplice e instigador da desarrumação e recomposição das formas que se encontram na literatura mais temerária. Como se a experimentação formal e a epifania divina tivessem concluído um pacto — e uma pudesse avançar na direção da outra, dizendo: *larvatus prodeo* [chego possuída].

Portanto, o que é único em Hölderlin não é a percepção de uma nova evidência dos deuses antigos — todo o grupo do *Athenaeum* a compartilhava, como se fosse um novíssimo artigo de fé —, mas sim a investigação sobre o *aspecto diverso* que estes adquiriram ao se manifestar no mundo moderno. É este, no fundo, o ponto em que a história incide sobre aquilo que é, o ponto no qual somos obrigados a reconhecer que o tempo, no seu puro transcurso, muda alguma coisa na essência do mundo.

Quando Hölderlin invoca os deuses, quando escreve que o deus está "próximo/ E é difícil de alcançar", nós percebemos que fala de uma força que precede, excede e ultrapassa qualquer visão poética. Daquela força, ele tinha uma percepção clara até demais. Mas ninguém como ele sabia, também, o quanto o deus era diferente daquele que aparecera para os gregos. É esse o tema ao qual foram dedicadas as suas especulações mais árduas, das cartas a Böhlendorff aos fragmentos sobre a *Antígona*. Para os gregos, o deus aparece como o Apolo da Aurora aos argonautas, no relato de Apolônio de Rodes:

> Ora, quando a luz imortal ainda não surgiu mas já não está muito escuro, quando uma leve claridade já se espalhou pela noite — e é o momento em que aqueles que despertam dizem que alvorece —, naquela hora eles chegaram a uma ilha deserta chamada Tínia e, esgotados pela fadiga, se estenderam sobre a praia. A eles, o filho de Leto, chegando da Lícia e indo na direção do inumerável povo dos hiperbóreos, apareceu: áureos cachos flutuavam, enquanto avançava; na mão esquerda segurava um arco de prata, às costas levava uma aljava; e, sob os seus pés, toda a ilha fremia, e as ondas se agigantavam na praia. Os que o viram sentiram um terror incontrolável (*thámbos amékhanon*). E ninguém ousou contemplar os belos olhos do deus. Ficaram com as faces voltadas para o chão; e ele, pelo ar, ao longe, deslocava-se sobre o oceano.

Dominante, como o Órion de Poussin, mas suspenso sobre a imensidão marinha, quando a aurora começa a irradiar sua luz, absorto e indiferente: assim é o deus. Só roça os heróis, mas poderia pisoteá-los. Permite que a terra e o mar estremeçam. Que podem fazer os homens? Escutam as palavras de Orfeu: "Dediquemos esta ilha sagrada ao Apolo da Aurora, já que ele apareceu a todos, enquanto caminhava no alvorecer". Assim, ele convida os companheiros a oferecer um sacrifício ao deus. Nada mais linear. Todos têm a mesma visão, todos sentem idêntico terror, todos colaboram na construção do santuário. Mas o que ocorre se não existem argonautas, se não existem mais testemunhas de tal experiência? Se ninguém sabe construir um altar? Se ninguém ousa fazer oferendas? Esse era o pensamento secreto de Hölderlin. Que ocultava, em si, outro, ainda mais secreto: não apenas o modo de acolher o deus mudou mas, também, a própria forma sob a qual o deus aparece. Em comparação com os gregos, "nós não podemos ter nada de similar", garante ele a Böhlendorff. Até porque — acrescenta poucas linhas depois, com repentina acidez — "nós estamos todos quietos, enfiados em invólucros, fora do reino dos vivos". Jamais poderíamos, "consumidos pelas chamas, purificar a chama, que não conseguimos domar". E "o trágico para nós" é exatamente isto: essa mesquinhez da morte.

Hölderlin sabe que os deuses não podem reaparecer como um círculo de estátuas sobre as quais se levanta, de repente, a opaca cortina da história. Essa é a visão neoclássica, da qual ele foi o primeiro a desligar-se. Não, os deuses e os homens seguem o rastro de um movimento secreto que os aproxima e os distancia no tempo, como os combatentes de um torneio. Entender a lei desse processo é tudo. Hölderlin chamou-a de "revolução natal" (ou "categórica"). Os seus pensamentos mais pressagos e obscuros, merecedores de investigação duzentos anos após terem sido formulados, são dedicados a isso. E eu destacarei apenas uma característica: Hölderlin não fala de uma situação na qual deuses e homens voltem a se encontrar. Ao contrário, numa situação equiparada à da Tebas de Édipo, "na peste e na confusão dos sentidos, e na excitação geral do espírito divinatório", numa época que Hölderlin, utilizando uma palavra surpreendente, define como *müssig* (a um tempo: "inerte" e "ociosa"), "o deus e o homem — a fim de que o curso do mundo não tenha lacunas e *a memória dos seres celestes não se extinga, comunicam-se na forma, esquecida de tudo, da infidelidade,* já que a infidelidade divina é um traço de grande durabilidade". Mais do que reencontrar-se, deuses e homens logo procuram enganar-se. "Num tal momento, o homem esquece de si e do deus, desviando-se (*kehrt* [...] *um*), no que diz respeito ao sagrado, como se fosse um traidor." Sumamente ambígua é, portanto, a nova epifania dos deuses; é uma espécie de salvação alcançável só por meio do engano. O lugar onde vivemos é uma terra de ninguém onde se cumpre uma dupla traição, uma dupla perfídia: dos deuses para com os homens e dos homens para com os deuses. E é nesse ponto que, agora, se deverá esboçar o discurso poético. Não se trata, com certeza, de dar vida a novas mitologias, como se fossem disfarces para tornar a existência mais estimulante. A própria idéia de que a mitologia é algo que se *inventa* constitui um sinal de arrogância, como se o mito estivesse à disposição de uma vontade. Quando, no entanto, é aquilo que, antes de tudo, dispõe de toda a vontade.

"Nós sonhamos com originalidade e autonomia, acreditamos dizer só novidades, e tudo isso não passa de uma reação, de uma espécie de vingança branda contra o estado de servidão no qual nos encontramos em relação à Antigüidade", lemos num fragmento de Hölderlin, seco e drástico. E, poucas linhas adiante, ele esclarece que, no nosso contato com o passado, é possível reconhecer também um poderoso sortilégio, que continua a nos dominar. Então, todo o passado se mostra como "uma quase ilimitada pré-história, da qual não conseguimos nos tornar conscientes nem com a educação nem com a experiência, e que age sobre nós e nos oprime". Não são, agora, o entusiasmo e o "fogo do céu" que estão sendo buscados. Hölderlin já o fizera — e, da experiência, disse apenas: "quase perdemos a palavra em terra estrangeira", referência por trás da qual se recorta a sombra de Apolo, que o golpeia numa estrada francesa. Agora é preciso reencontrar a "sobriedade ocidental", a "clareza da representação", aquela que os gregos, nascidos do ardor oriental, haviam descoberto, como um exótico esplendor, no texto homérico — e que, ao contrário, para os ocidentais modernos, severos e limitados que somos nós, é a terra natal, que será preciso redescobrir, traindo os deuses. Mas, certamente, "de modo sacro".

O que possa ser essa "sobriedade junonal ocidental", que nos é própria — e, como tal, um elemento difícil de reconhecer, já que "o que nos é próprio deve ser aprendido tanto quanto o que nos é estranho" —, Hölderlin não nos disse. Não nos deixou ilustrações nem exemplos. E, no entanto, sentimos que se trata de uma característica secreta e constante (ainda que rara na sua forma ilesa) da literatura no Ocidente. Característica que pode vir ao nosso encontro em qualquer época, em qualquer registro. Quando se impõe, tem a autoridade de uma pulsação. Contemplamos, então, atônitos, o excesso da sua evidência. É o que ocorre quando abrimos Henry Vaughan e lemos:

> *I saw Eternity the other night*
> *Like a great Ring of pure and endless light,*
>   *All calm, as it was bright**

Não são poucos os que "viram" a Eternidade, mas só Vaughan, e só nesses versos, a viu "na outra noite", como se se tratasse de um velho conhecido ou de um estrangeiro que acabou de

---

* Eu vi a Eternidade na outra noite/ Como um grande Anel de luz pura e infinita/ Tão calma quanto brilhante.

chegar. Decisiva, aqui, é a total ausência de preliminares, a rapidez da entrada na visão — e, ao mesmo tempo, a sobriedade ao registrar o evento, exatamente como se ele dissesse: "Houve uma briga, *the other night*, no cruzamento entre x e y". E *night* é, de fato, a palavra decisiva, até mais do que *Eternity*, uma vez que rege as três rimas iniciais. É possível arriscar que, com a fórmula "sobriedade ocidental", Hölderlin tenha designado algo que nos faz sinal lá do outro lado do entusiasmo, para além daquele impulso que induz ao contato com os deuses, mas que pode iludir, porque não consegue "preservar Deus na Sua pureza e diferenciação". Trata-se, contudo, sempre, de uma definição por via negativa. Quanto ao resto, só podemos observar que, logo após as elípticas formulações da "revolução natal", o texto de Hölderlin torna-se cada vez mais escarpado, abrupto, fragmentado. Até que se distenda na absorta, na ilimitada uniformidade das últimas líricas, onde Scardanelli assume o papel de impenetrável mestre-de-cerimônias.

No final, Hölderlin não teoriza mais. Se precisa fazer um juízo, escreve que algo é *prächtig*, "esplêndido": a própria "vida" — e até "o céu". E só deseja observar e invocar a natureza nas suas manifestações mais comuns e, às vezes, mais raras. Como os cometas: "Eu gostaria de ser um cometa? Acho que sim. Porque têm a rapidez dos pássaros; florescem no fogo e são puros como as crianças. Desejar algo maior a natureza do homem não pode pretender".

3. *Incipit parodia*

Entre as idéias que, no século XX, tiveram conseqüências terríveis, e destrutivas em diversos graus, destaca-se a da comunidade *boa*, onde são fortes os vínculos e a solidariedade entre os particulares, onde tudo se funda sobre um sentir comum. Dessa idéia a Alemanha nazista foi a manifestação mais lancinante; e a Rússia soviética a mais duradoura e dilatada. E o mundo ainda está cheio dos defensores dessa idéia. A que se deve a persistência de tal fenômeno? Antes de tudo, como sempre, a um desejo: na comunidade — qualquer que seja ela, até mesmo numa simples associação de criminosos —, enquanto forma onde há muito de *comum*, onde os laços entre os indivíduos são carregados de sentido, muitos continuam reconhecendo o lugar onde aspirariam viver. Tão intenso é esse desejo que parecem potencialmente indiferentes as causas e a natureza dos liames: desde que eles sejam fortes e estreitos. Ainda que, na prova dos fatos, no mínimo uma dúvida devesse surgir: não haverá algo de funesto na própria idéia de comunidade, ao menos quando esta se manifesta, como ocorreu na maioria dos casos, no interior de um mundo onde o aparato técnico se estende sobre todo o planeta? Este é, de fato, o ponto: perguntar-se se não há incompatibilidade entre comunidade e técnica. Não no sentido de que uma comunidade não consiga instaurar-se no interior do mundo técnico: como nós bem sabemos, o contrário é o verdadeiro. Mas no sentido de que, uma vez instaurada, tal comunidade só pode levar a resultados tumultuosos em relação a qualquer intenção inicial.

Tudo isso se delineia, hoje, como interrogação tenaz esperando resposta. Até porque da resposta dada pode depender a continuação ou a interrupção do massacre entre os muitos que, em todas as ocasiões, surgem revestidos, como fantoches, de argumentos locais. Mas a questão, traduzida a partir das suas versões vernáculas, é, afinal, sempre a mesma — e obstrui, agora, grande parte do campo visual. Questão antiga, de uma ancianidade que oscila, segundo as perspectivas, "entre o final do Paleolítico e os inícios da Revolução Industrial", como certa vez observou Calvino, maliciosamente. E questão que diz respeito a tudo. No seu desacerto, a palavra "globalização" tem, pelo menos, o mérito de ser sintomática: porque construída sobre um termo — globo — que indica a mais vasta totalidade concebível. Ora, as comunidades que se concebem como um todo, ou então, como as definia Louis Dumont, as "sociedades holísticas", têm sido a norma na história da humanidade, em todas as suas fases e sob todas as suas formas. Enquanto a sociedade baseada na técnica se diferencia como imponente exceção. E, aqui, alastram-se os equívocos: por um lado, seria ridículo imputar à forma comunitária *enquanto tal* as infâmias que atravessam o século passado; por outro, é o caso de perguntar se as críticas tradicionais à sociedade técnica — por seu caráter desagregador, corrosivo, atomizante, desenraizante, de acordo com o rosário das acusações — não estão golpeando um falso alvo ou, ao menos, uma mera fachada. Enquanto, por trás dela, está em ação uma nova e poderosa máquina holística, que já tem as dimensões do planeta e que também inerva uma *comunidade*, diferente de qualquer outra e, no entanto, capaz de hospedar, no seu próprio seio, todas as demais, ainda que hostis, como se fossem reservas indígenas por vezes pululantes de nativos, e vastas como subcontinentes. É evidente que essa nova entidade tem algo de radicalmente diverso em relação àquelas que a precederam. Aqui, pela primeira vez, a natureza inteira não é mais o que envolve, mas sim o que é envolvido. Da mesma forma que o parque do Filho do Céu, na China, ela hospeda exemplares de todos os seres, mas como amostras e alegorias. A Terra não é mais o lugar "onde se demarca o altar", mas é, ela mesma, o lugar delimitado onde se colhem os materiais para os experimentos. Ninguém mais sabe como invocá-la para que, "vestida de Agni, a Terra de joelhos negros" possa tornar-nos "resplandecentes, acuminados". E ninguém poderia pretender sentir a sua fragrância, reconhecendo, dessa forma, aquela mesma "que, nas núpcias de Surya, a Filha do Sol, impregnava os imortais ao lado dos templos". Ocorreu, então, que, "assim como um cavalo faz com a poeira, a Terra sacudiu, para longe de si, todos os povos que, desde o seu nascimento, residiam sobre ela". Aqueles grãos de pó disperso assediam-na agora, mas quase não conseguem mais acariciar o corpo da mulher "de peito de ouro", ao qual, por longo tempo, se haviam agarrado como parasitas. Nessa nova, imensa comunidade estão em vigor regras baseadas em ilusões e em costumes — e, certamente, não menos coativas do que as das comunidades arcaicas. Para que se formasse tal potência abrangente, foi preciso que se chegasse lá por meio de um lentíssimo golpe de Estado: aquele pelo qual o pólo analógico do cérebro foi suplantado pelo pólo digital, que é o pólo da substituição, do valor de troca, da convenção sobre a qual se baseia a linguagem e a imponente rede de normas em meio à qual vivemos. Esse fenômeno a um tempo psíquico, econômico, social e lógico é o resultado de uma revolução que durou milênios — e ainda dura: a única revolução permanente que é possível testemunhar. O seu Zeus é o algoritmo. Esse é o acontecimento do qual todo o resto deriva. Evento, em larga parte, ainda desconhecido — e talvez nem seja reconhecível em todos os seus aspectos, já que estamos imersos e submersos nele. Dessa forma, as questões a serem colocadas deveriam ser outras: a comunidade técnica é compatível consigo mesma? Não poderia ser esmagada pelo próprio processo que a instaurou?

Em tudo isso, com certeza, não pensava o anônimo autor do breve texto que se costuma chamar de *O primeiro programa sistemático do idealismo alemão*. (Era Schelling? Ou Hegel? Problema ainda debatido: o manuscrito, datável de 1797, aproximadamente, foi encontrado entre os papéis de Hegel, e na sua caligrafia). Mas a ele veio uma idéia que, com certa razão, declarava ser nova: "Falarei de uma idéia que, na medida do meu conhecimento, não ocorreu até agora a ninguém: devemos ter uma nova mitologia". Ora, essa idéia pertence ao vasto implícito que decorre da palavra "comunidade". E isso não escapava ao desconhecido autor, que assim prosseguia: "Enquanto não conseguirmos tornar estéticas, isto é, mitológicas, as idéias, elas não terão nenhum interesse para o *povo*. A palavra fatal, "povo", já ressoa, palavra da qual "comunidade" é só uma versão atenuada. O pressuposto é aquele que, um dia, Nietzsche enunciará, com seu tom peremptório: "Sem um mito, toda civilização perde a sua sã e criativa força da natureza; só um horizonte delimitado por mitos pode dar unidade a todo um movimento de civilização".

Como um sussurro ou como um mensageiro de passo leve, a fórmula da "nova mitologia" se teria deslocado do obscuro manuscrito, perdido entre os papéis de Hegel, para visitar outras mentes. Em primeiro lugar, Friedrich Schlegel, que poucos meses depois escreveria nas páginas do *Athenaeum*: "Não temos uma mitologia. Mas acrescento: estamos para ter uma, ou, antes, já é tempo de contribuir seriamente para produzi-la". Como ocorre em Schlegel com freqüência, há nessas palavras um singular descabimento: a questão essencial surge num instante de deslumbramento, mas logo o pensamento vai além sem se perguntar, por exemplo, se é possível produzir seriamente uma mitologia, da mesma forma que se produz uma revista literária. Há algo de destoante naquelas palavras, que Schlegel preferiu ignorar. E assim prosseguiu, com nobre impulso e conceitos cada vez mais vagos:

> A nova mitologia deverá ser elaborada pela mais inescrutável profundidade do espírito; deve ser a mais artística de todas as obras de arte, já que terá de abranger as demais, ser um novo recipiente para a antiga, primitiva e eterna fonte da poesia, e ser, também, ela própria, a essência da poesia infinita, que resguarda os embriões de todas as outras poesias.

Segue-se o último aprofundamento:

> Talvez seja o caso de sorrir dessa poesia mística e da desordem que poderia resultar da multidão e da profusão das poesias. No entanto, a beleza suprema, aliás a ordem suprema, é apenas a do caos, e precisamente de um caos que espera só o contato do amor para manifestar-se num mundo harmônico, que era, também, o da mitologia e da poesia antigas. Porque mitologia e poesia são uma só coisa, são indissociáveis.

Mais do que um crítico, Schlegel foi sempre um formidável estrategista literário. O seu gênio reside no impetuoso e no ambíguo. Que, no entanto, sabe iluminar sempre em certa direção, apesar de obscurecer muitas outras. Ficará patente, um dia, que aquela direção era a via régia de uma literatura que o próprio

Schlegel não era talhado para praticar mas estava em condições de prever — e que chamaremos, aqui, de literatura absoluta.

O que Schlegel sugeria não era uma sólida teoria. Parecia mais com uma operação militar fulminante. Era preciso fazer que fosse aceito um gesto de apropriação. Toda a mitologia estava sendo bruscamente incorporada na poesia. Agora, os deuses não seriam mais o material inerte, tirado do depósito da retórica, utilizável, sobretudo, nos ornamentos e nos zênites neoclássicos, mas sim a própria substância viva da literatura. E, como um jogador que aumenta sempre a sua aposta, Schlegel acrescentava: não será mais o caso de falar apenas de *uma* mitologia, já que "mesmo as outras mitologias deverão ser aproveitadas, de acordo com a sua profundidade, a sua beleza e o seu saber, para acelerar a formação da nova mitologia". *Esta* era a manobra decisiva: rasgar o véu do Oriente, deixar que uma hoste de divindades ignotas se infiltrasse no palco da cultura européia, com os mesmos direitos dos deuses olímpicos: "Que os tesouros do Oriente sejam, para nós, tão acessíveis quanto os da Antigüidade clássica! Que nova fonte de poesia poderia fluir, para nós, da Índia, se alguns artistas alemães — com a sua universalidade e a sua profundidade de compreensão, com o seu característico gênio do significado — pudessem aproveitar a ocasião que esta pátria, que se está tornando cada vez mais obtusa e brutal, encara com tanto descaso! No Oriente, devemos buscar o romântico supremo". Essa frase foi também o ponto máximo do risco romântico. Mas ao Oriente os românticos jamais chegariam. Ao contrário, eles mesmos foram o Oriente da Europa, cujo som se ouviu no piano. No sentido literal, o Oriente permaneceu longínquo e foi filtrado com prudência. O que não é de espantar: ele ainda está longe, nos dias de hoje, e continua a infundir um surdo temor, no momento em que nos achegamos aos seus textos e imagens. Mas não se pode dizer que Schlegel não tenha tentado, e de forma escrupulosa: poucos anos após o ensaio do *Athenaeum*, e após um período de aprendizado de sânscrito, publicou o livro *Sobre a língua e a sabedoria dos indianos*. No entanto, nada de interessante se encontra aí a respeito daquela "sabedoria" — e só como uma nostálgica despedida Schlegel se permitia, de fugida, a bela definição de mitologia como "o mais denso enredo do espírito humano". Mas outro motivo oculto pode-se reconhecer naquele súbito bloqueio de um pensamento tão febril: havia uma perene duplicidade, toda vez que se falava de deuses, de mitos e de mitologia entre os primeiros românticos. O discurso se apresentava, no início, em puros termos de literatura: os deuses e o seu tecido mitológico — só antigo? só grego? ou também moderno? ou, ainda, oriental? — ofereciam-se como uma grandiosa mistura da matéria literária, como se as formas, ressecadas pelas Luzes, ambicionassem hospedar emissários divinos, não mais, no entanto, como comparsas ocasionais, mas sim na plenitude dos seus poderes. Ao mesmo tempo, estava claro para todos que evocar os deuses significava também evocar a comunidade que celebra o seu culto. Naquela época, as pessoas olhavam em torno de si, nos seus pequenos reinos deslocados pelo turbilhão napoleônico. E não sabiam a que se agarrar. Nem a sociedade que se estava desfazendo nem aquela que se prefigurava sabiam o que fazer com as antigas comunidades que conheciam as histórias dos deuses por meio dos mistérios, como também por meio daquela cerimônia que foi a tragédia ática. Chegada a esse ponto, a eloqüência dos românticos emudecia. Aqui recuavam, como se tivessem medo de ser pegos pela polícia. E preferiam fazer descer, sobre o tema, uma cortina providencial. Assim, as divagações sobre a "nova mitologia" se esgotaram logo.

Mas o rastilho estava aceso — e teria continuado a queimar, lentamente e seguindo um fio tortuoso, por todo o século. Só com a menção de um nome — Dioniso — já se sentia o odor sulfúreo dele. Último a chegar entre os olímpicos, estrangeiro, oriental, dissoluto, Dioniso pôs o pé na Alemanha após longa ausência da Europa, que durava desde os tempos da Florença de Pico [della Mirandola] e de Ficino, de Poliziano e de Botticelli, onde fora adorado como deus dos mistérios e do divino delírio. Para fundar o seu culto bastara, então, uma frase de Platão, precisa e afiada: "A loucura é superior à temperança (*sophrosyné*) porque esta tem origem exclusivamente humana, enquanto a primeira, ao contrário, tem origem divina". Bem mais tímida, bem mais austera era a Alemanha da primeira metade do século XIX, onde o ilustre Voss, tradutor de Homero, transformava as "orgias noturnas" de Dioniso em "alegres passatempos".

Muito mais espantosa foi a natureza que Dioniso exibiu nos versos de Hölderlin. No início de *Brot und Wein* [Pão e vinho], aparece a noite, em dezoito versos com os verbos sempre no presente, e que fazem suster a respiração. Raramente a força de uma invocação se mostrou com evidência tão límpida. Depois, do istmo de Corinto, chega Dioniso, "o deus do advento". Não é o último, ainda, e sim o penúltimo: precede aquele que "levou o processo a cabo e fez terminar, pela consolação, a festa celeste". O último, não citado, é Cristo. Uma concentração do divino tão intensa e silenciosa não é facilmente tolerável. E os seres celestes, com irônica graça, subtraem-na aos humanos:

Denn nicht immer vermag ein schwaches Gefäs sie zu fassen,
*Nur zu Zeiten erträgt göttliche Fülle der Mensch.**

Assim, logo que chega, o "deus do advento" tem de reencontrar a clandestinidade, na forma que, agora, os deuses iriam preferir: entre as páginas dos eruditos. E, de preferência, dos erudi-

---

* Já que, nem sempre, um vaso frágil pode acolhê-la/ Só espaçadamente o homem suporta a plenitude divina.

tos mais ferozmente contrariados por seus colegas, prontos para perceber, na selva dos textos, o rasto agourento do deus cuja passagem pretendiam barrar, como Penteu em Tebas. Em 1808 Friedrich Creuzer, ainda no período marcado pelo suicídio da sua amada Karoline von Günderode, publicava o seu *Dionysus*, que principiava dizendo que, na multidão "quase infinita" das fábulas gregas, *ulla unquam tam late patuit, quam illa, quae per Bacchicarum rerum amplissima spatia ducit* [nenhuma conheceu tal expansão como a narrativa da gesta de Dioniso, que nos conduz por espaços vastíssimos].

E logo acrescentava uma homenagem à *summa* dionisíaca de Nono, que jazia, havia séculos, *situ squaloreque obsita*, "coberta de sujeira e de detritos". Quase insinuando que, ao nome de Dioniso, desde a Antigüidade, se ligasse um conluio ocidental para desvalorizar, por meio dele, todas as potências orientais.

Outros elos eruditos iriam surgir: a exuberância amazônica de Joseph Görres, em cuja obra os mitos aparecem como ruínas de um mundo abismado; K. O. Muller, que morre de insolação na Grécia, depois de ter introduzido o termo "ctônico" nos estudos clássicos, como se, até então, aos deuses de Winckelmann tivesse faltado o contato com o solo — e, sobretudo, com o reino dos infernos: "mas o mesmo deus é Hades e Dioniso", dissera Heráclito. Enfim, o visionário Bachofen, o descobridor do Dioniso mais agudamente insidioso, já que cúmplice não só do Oriente mas também da superioridade feminina.

Até que um dia, 18 de junho de 1871, na biblioteca da Universidade de Basiléia, outro estudioso, o jovem professor Friedrich Nietzsche, tomou emprestado tanto a *Symbolik*, de Creuzer, quanto a *Gräbersymbolik*, de Bachofen. Estava terminando de escrever *O nascimento da tragédia*. Por meio daquele livro, Dioniso se preparava para irromper numa cena que se confundia, agora, com o próprio mundo.

Só em Nietzsche os deuses reapareceram com intensidade

comparável à de Hölderlin. Do *Nascimento da tragédia* aos *Ditirambos de Dioniso* e aos "bilhetes da loucura", sentimos vibrar nas suas palavras algo semelhante àquele *pathos*, desde que entendamos essa palavra à maneira de Aristóteles, ou seja: como termo técnico que designa o que ocorre nos mistérios, onde *ou mathêin ti dêin, allá pathêin kai diatethénai*, "não se deve aprender mas sim passar por uma emoção e ficar em certo estado".

Diferentemente dos seus contemporâneos, Hölderlin e Nietzsche não escreviam *sobre* os gregos, mas, ocasionalmente, até conseguiam tornar-se gregos. O início de um hino de Hölderlin faz logo pensar em certos *incipit* de Píndaro. Nos cadernos de Nietzsche encontramos fragmentos que poderíamos atribuir a um présocrático — ou, quem sabe, a Plotino. Como este, que remonta aos primeiros meses de 1871:

> No homem, o uno primordial se volta para si mesmo, olhando através da aparência: a aparência revela a essência. Isso significa: o uno primordial olha o homem — e, precisamente, o homem que contempla a aparência, o homem que vê através da aparência. Para o homem, não existe *"nenhuma via em direção ao uno primordial"*. Ele é todo aparência.

Para além de Schopenhauer, essa passagem aponta para o mistério supremo de Elêusis: o duplo olhar que liga Hades a Core, a jovem que é a pupila, o olhar que observa quem olha — e revela todo o conhecimento secreto. E até mesmo a forma do fragmento — toda uma série de variações sobre o verbo "olhar", *schauen* — nos faz pensar num neoplatônico, e não num soldado de Bismarck, que Nietzsche havia sido, na função de enfermeiro.

Naquele período agitado, Nietzsche estava convencido (e insistia nisso com freqüência, especialmente nos seus cadernos) de que, assim como ocorrera com a tragédia na Grécia antiga, o mito estaria, agora, renascendo "do espírito da música". E, por "música", entendia-se a de Richard Wagner. Bastava, então, *reconhecê-la*, já que "*diante da música nós nos comportamos como se comportava o grego frente aos seus mitos simbólicos*". Conseqüência: "dessa forma, a música gerou, novamente, o mito para nós". A música teria sido o líquido amniótico necessário para que se desenvolvesse um obscuro processo, graças ao qual nós teríamos conseguido, de novo, "sentir *miticamente*". E, aqui, o sonho recorrente de uma comunidade *boa* teria feito até mesmo o próprio Nietzsche cair num pernicioso equívoco. Toda a seção 23 do *Nascimento da tragédia* foi feita para anunciar que, se "*o gradual despertar do espírito dionisíaco* no mundo atual" devesse ser estimulado magicamente pela música de Wagner, o verdadeiro conteúdo desse espírito teria sido "o núcleo puro e vigoroso da identidade alemã", circunlóquio eufemístico por trás do qual se ocultava a *nação* alemã. A alusão feita aqui não é aos mistérios mas sim ao teatro político europeu, onde a Alemanha é incitada, ainda que em termos elevados, a afirmar o seu predomínio:

> E se o alemão olhar à sua volta, hesitante, à procura de um guia que o reconduza até a pátria há muito perdida, e cujos caminhos e veredas quase não conhece mais — que escute o chamado deliciosamente sedutor do pássaro dionisíaco que paira sobre ele e lhe indicará o caminho naquela direção.

Mas a forte determinação desse manifesto se misturava, em Nietzsche, com uma percepção do presente germânico diametralmente oposta. Enquanto escrevia o *Nascimento da tragédia*, traçando o perfil de uma civilização radicalmente renovada, Nietzsche preparava também *O futuro das nossas escolas*, um panfleto que atingiu violentamente a concepção moderna da cultura na sua raiz: a educação. O pressuposto de Nietzsche era, de fato, este: a instituição escolar que deveria representar a cultura do momento na sua forma exemplar e mais severa — o ilustre liceu alemão — revelava "embrutecimento no que diz respeito às suas obrigações relativas à cultura". Por trás da miragem progressista da "cultura generalizada", Nietzsche percebia a feroz determinação do Estado — e, antes de tudo, do Estado alemão — no sentido de produzir bons funcionários. "A fábrica reina", escrevia, utilizando uma fórmula que já descortina o século seguinte. Quando se diz que a cultura deve servir, a soberana não é mais a cultura e sim a utilidade: "Basta começar a ver na cultura algo que resulta em utilidade e logo se confundirá utilidade com cultura. A cultura generalizada se transforma em ódio contra a verdadeira cultura". Sendo assim, até nos seus empreendimentos mais ilustres e celebrados, como os esforços para difundir a educação, o mundo moderno se mostra dominado por profunda aversão à cultura. Num momento de devaneio, logo após o final da guerra contra a França, Nietzsche havia anotado que, "da parte dos alemães, talvez a guerra tivesse sido feita para liberar a Vênus do Louvre, como se fosse uma segunda Helena". Esta, escrevia ele, poderia ser a "interpretação pneumática da guerra". Dessa forma, deve ter sido brutal o seu despertar, no momento em que chegou a informação (poucos meses depois) de que os partidários da Comuna haviam incendiado as Tulherias. E também o Louvre, como asseguravam as primeiras, confusas (e falsas) notícias. Nietzsche escreveu, então, a Gersdorf, uma carta cheia de assombro, na qual aflora o espectro da "luta contra a civilização". Não mais — desta vez — por obra do Estado moderno, que quer sujeitar todo mundo aos seus fins. Mas por obra de uma multidão informe, excluída da cultura e hostil a ela por princípio, a ponto de só querer destruí-la. E, no entanto, Nietzsche, que não se sentia à vontade para condenar os incendiários, escreveu: "Nós todos, com todo o nosso passado, somos culpados da ocorrência desses horrores; não temos condições de imputar, de forma arrogante, o crime de agressão à civilização apenas àqueles infelizes".

O sentimento de Nietzsche era duplo: por um lado, via a civilização no limiar de uma regeneração profunda, guiada pela Alemanha; por outro, observava o Estado moderno na sua forma mais avançada — em outras palavras, o Estado alemão — empenhado numa obra de sistemático embrutecimento, e tratando a cultura como um adversário e como primeira vítima. Mas o seu interesse pela sociedade germânica logo desapareceria. Abria-se, para Nietzsche, uma vida de vagabundo sem pátria: "Não faltam, entre os europeus de hoje, pessoas que têm o direito de chamar-se, num sentido distinto e honorífico, de apátridas": a elas, ele tencionava transmitir a *gaia ciência*. Da qual fariam parte algumas das mais ferozes e precisas observações *contra* a Alemanha jamais escritas — a começar por aquelas que constelam *Ecce homo*. No que diz respeito às críticas violentas à Alemanha e à cultura alemã, o único que lhe pode ser comparado é Benn.

A armadilha na qual Nietzsche correra o risco de cair, no tempo do *Nascimento da tragédia*, era a de imaginar uma comunidade futura e nacional por trás da superfície sarapintada dos mitos: "O saber e a música nos fazem pressentir um renascimento germânico do mundo grego — e é a essa renascença que nos dedicaremos", anotou nos seus cadernos do período. Mas lúcida demais era a sua mente para não pressentir, também, algo de diferente. "Atualmente, basta ser servidor da massa ou, em outras palavras: servidor de um partido." Quando a nuvem sonora de Wagner se desfez, a palavra "mito" quase desapareceu dos escritos de Nietzsche e Dioniso voltou para os bastidores. Mas iria retornar, com rumor de sistros e de tamborins. Antes de tudo, insinuando-se no discurso daquele "demônio dionisíaco que se chama Zaratustra". E, depois, guiando, a partir da escuridão, toda a arrastada encenação que foi a última fase da vida de Nietzsche. Aquilo sim poderia ser o exemplo de um renovado espírito dionisíaco, e não o insolente fervor produtivo da Alemanha imperial. Mas, para compreender isso, era preciso que tal espetáculo fosse precedido por um prelúdio: uma espécie de resumo estenográfico, arrogante e alusivo, do que Nietzsche pensava ter acontecido no curso da civilização, dos gregos até o seu tempo. Esse prelúdio aparece na seção "De como o mundo verdadeiro acabou por tornar-se fábula", do *Crepúsculo dos ídolos*:

> 1. O mundo verdadeiro, alcançável pelo sábio, pelo piedoso, pelo virtuoso — ele vive nele, *ele mesmo é esse mundo*.
> (A forma mais antiga da idéia, relativamente sagaz, simples, persuasiva. Transcrição do princípio "Eu, Platão, *sou* a verdade".)
> 2. O mundo verdadeiro, por enquanto inalcançável, mas prometido ao sábio, ao piedoso, ao virtuoso ("ao pecador que faz penitência").
> (Progresso da idéia: torna-se mais sutil, mais insidiosa, mais inapreensível — *torna-se mulher*, torna-se cristã...)
> 3. O mundo verdadeiro, inalcançável, indemonstrável, que não pode ser prometido mas já se constituindo, só de se pensar, numa consolação, num dever, num imperativo.
> (No fundo, o antigo sol, mas visto através da neblina e do ceticismo; a idéia que se tornou sublime, pálida, nórdica, königsberguiana.)
> 4. O mundo verdadeiro — inalcançável? De qualquer modo, não alcançado. E, enquanto não alcançado, também *desconhecido*. Além disso, e conseqüentemente, não consolador, salvífico, vinculante: a que poderia vincular-nos algo de ignorado?...
> (Manhã cinza. Primeiro bocejo da razão. Canto do galo do positivismo.)
> 5. O "mundo verdadeiro" — uma idéia que não serve mais para nada, e não é mais nem mesmo vinculante —, uma idéia que se tornou inútil, supérflua e, *conseqüentemente*, uma idéia contestada também: eliminemo-la!
> (Dia claro; café da manhã; retorno do *bom senso* e da serenidade; Platão rubro de vergonha; algazarra endiabrada de todos os espíritos livres.)

6. Eliminamos o mundo verdadeiro: que mundo sobrou? O aparente, talvez?... Claro que não! *Junto com o mundo verdadeiro, eliminamos também o mundo aparente!*
(Meio-dia; a hora da sombra mais curta; o fim do erro mais longo; apogeu da Humanidade; INCIPIT ZARATHUSTRA [Começa Zaratustra].)

Esta página, que segundo um plano da primavera de 1888 deveria ser a primeira da inconclusa *Vontade de poder*, quase como se fosse um clangor inicial de címbalos, pode ser lida paralelamente às profecias de Hölderlin a respeito da "revolução natal". Aqui também se tratava de individuar aquele misterioso movimento que rege a história e faz que, com o puro transcorrer do tempo, se alterem a coloração dos eventos e a consistência das próprias coisas. Mas que diferença de tom! Lá onde Hölderlin era elíptico e grave, Nietzsche é atrevido como um apresentador de circo. O ritmo *irregular* é sacudido por uma alarmante euforia. E também por um leve sarcasmo. E, no entanto, o processo descrito é grandioso: nada menos que a sucessão das fases na história do mundo, seis, como os dias da criação. É como se o mundo, em vez de evoluir afoitamente, regredisse, pouco a pouco, para as suas origens emaranhadas, para lá onde não subsistem mais — porque ainda não se separaram — as categorias de "mundo verdadeiro" e "mundo aparente". *Aqui estamos nós*, anuncia Nietzsche —, e é impossível não perceber uma vibração zombeteira nas suas palavras. Acreditávamos viver num mundo sem névoa e desencantado, avaliável e verificável. Ao contrário, encontramo-nos num mundo onde tudo voltou a ser "fábula". Como poderemos nos orientar? A que fábula vamos nos abandonar se já sabemos que a fábula vizinha tem condições de submergi-la? Essa é a paralisia, a peculiar incerteza dos tempos novos, uma paralisia que todos, desde aquele momento, experimentamos.

Nietzsche apresenta-a como o ordálio pelo qual agora temos de passar: a condenação — ou a escolha — a atravessar um mundo totalmente espectral, onde sem dúvida é verdade que "tantos novos deuses são ainda possíveis" e o passo se prepara para uma nova dança, para "uma eterna fuga e busca de muitos deuses, um feliz contradizer-se, voltar a entender, voltar a pertencer a muitas entidades". Mas, ao mesmo tempo, tudo isso é envolvido por uma sutil e incontrolável irrisão, tornando a situação passageira, fugidia, em outras palavras: uma paródia. E essa é uma novidade e tanto, para a qual Nietzsche nos havia preparado e introduzido já no final da *Gaia ciência*, quando esboçou a imagem de um "espírito que, ingenuamente, isto é, sem o desejar e graças à sua transbordante plenitude e pujança, brinca com tudo o que, até agora, fora chamado de sagrado, bom, intocável, divino", dando forma, assim, ao "ideal de um bem-estar e de um bem-querer humano e sobre-humano que, com freqüência, poderá parecer desumano, se for posto, por exemplo, ao lado de toda a seriedade terrena existente até hoje, de toda espécie de solenidade nos gestos, nas palavras, no tom, no olhar, na moral e nas obrigações, como fosse a sua viva e involuntária paródia".

Pronto! Aqui a paródia é a luva de um desafio — e logo se percebe que esse *intermezzo leggero*, irrefletido, compósito e cintilante serve, antes de tudo, para introduzir o momento no qual, de novo, "o destino da alma encontra a sua curva, o ponteiro se move, a tragédia *começa*...".

Deslumbrados com esse teatro rutilante e enganoso, com esse palco desmesurado, hílare, sinistro, onde — sempre nas palavras de Nietzsche — "se vai anunciando algo de extraordinariamente perverso e maligno", já que, justamente, *incipit parodia* [a paródia começa], nós nos damos conta de que inícios demais estão se sobrepondo. *Incipit tragoedia, incipit parodia, incipit Zarathustra* (insuflado por Dioniso). E, de repente, surge a resposta, que é a mais simples: trata-se do mesmo início, do mesmo instante — e valerá não só para Nietzsche mas também como uma marca, colocada sobre todo o mundo de então. Àquela altura, só restava, para Nietzsche, confiar um derradeiro bilhete às mãos simbólicas de Jacob Burckhardt: "No final das contas, prefiro ser professor em Basiléia do que Deus; mas não ousei levar tão longe o meu egoísmo particular a ponto de abandonar, por causa disso, a criação do mundo".

4. Elucubrações de um *serial killer*

Há um ponto zero, um oculto nadir do século XIX que é alcançado, sem que se perceba, quando um jovem desconhecido publica, em Paris, às suas custas, *Les chants de Maldoror* [Os cantos de Maldoror]. O ano é 1869: Nietzsche elabora o *Nascimento da tragédia*, Flaubert publica *A educação sentimental*, Verlaine as *Fêtes galantes* [Festas galantes], e Rimbaud escreve os seus primeiros versos. Mas algo de mais drástico ainda estava ocorrendo: era como se a literatura tivesse escolhido, para concluir um ato decisivo, clandestino e violento, o jovem filho do chanceler Ducasse, mandado de Montevidéu para a França para realizar os seus estudos. Tendo assumido o pseudônimo de Lautréamont, que deriva provavelmente de uma personagem de Eugène Sue, o jovem Isidore, de 23 anos, paga um adiantamento de quatrocentos francos ao editor Lacroix para que publique *Les chants de Maldoror*. Lacroix recebe e imprime. Mas recusa-se a fazer a distribuição do livro. Como contará o próprio Lautréamont numa carta, Lacroix "não quis divulgar o livro porque este apresentava a vida a partir de uma perspectiva por demais amarga e, além disso, ele temia o procurador-geral". Mas por que *Maldoror* incutia tanto medo? Porque essa obra é a primeira — sem exagero — que se baseia no princípio de submeter ao sarcasmo *todas as coisas*. E, por conseguinte, não apenas o imenso lastro da época que fez triunfar o ridículo mas também a obra daquele que, contra o ridículo, havia se encarniçado: Baudelaire, que será definido, com irreverência, como "o mórbido amante da Vênus hotentote" e que, provavelmente, era o poeta predileto, o antecedente imediato do próprio Lautréamont. As conseqüências desse gesto são arrasadoras: é como se todos os dados — e o mundo, na sua totalidade, é também um dado — fossem, repentinamente, arrancados da sua base de apoio e começassem a vagar numa frenética corrente verbal, sofrendo todo tipo de ultraje, todas as combinações, por obra de um prestidigitador impassível: o vago autor Lautréamont, que realiza uma fria e total supressão da identidade, mais rigorosa ainda do que a de Rimbaud, que não deixou de ser teatral. Morrer, aos 24 anos, num quarto alugado da rua do Faubourg Montmartre, *sans autres renseignements* [sem outras informações], como se lê no *acte de decès* [atestado de óbito] de Lautréamont, é um evento mais temerário e mais impressionante do que parar de escrever e vender armas na África.

Até porque o caso é aberrante, convém aplicar-lhe as regras habituais. E, por exemplo, perguntar de que autores Lautréamont se nutriu, antes de publicar. Nesse particular, Lautréamont nos vem ao encontro, fazendo-nos entender que leu muito "os escrevinhadores funestos: Sand, Balzac, Alexandre Dumas, Musset, Du Terrail, Féval, Flaubert, Baudelaire, Leconte e a *Grève des forgerons* [Greve dos ferreiros]". Essa lista já começa a nos avisar que uma armadilha está sendo preparada: o inventor de Rocambole e o de Madame Bovary, o prolífico folhetinista Féval e Balzac, e ainda Baudelaire e François Coppée são postos no mesmo plano. É como se a própria noção de nível fosse, de repente, abolida.

Mas há mais: para desencadear o furacão *Maldoror*, parece que Lautréamont se pôs em movimento a partir de uma constatação: o satanismo romântico tinha um ponto fraco, a sua timidez. Assim, o *serial killer* Maldoror não se contenta em estuprar "a jovem que dorme à sombra de um plátano". Faz-se acompanhar de um buldogue e, após a defloração, incita-o a atacar a infeliz. Mas o buldogue, por sua vez, "também prefere violar aquela delicada menina". Indignado com a desobediência do animal, Maldoror puxa um "canivete americano com dez ou doze lâminas" e se põe a revirar a vagina da garota a fim de extrair os seus órgãos a partir daquela "espantosa abertura". Enfim, quando o corpo dela fica parecido com um "frango esvaziado", "deixa o cadáver repousar à sombra da árvore". No romantismo negro, os gênios do mal geralmente se detêm diante do pormenor. O escritor amontoa adjetivos inquietantes, como "inominável", "perverso", "terrificante", que não favorecem muito o estilo, mas o próprio ato monstruoso acaba por desaparecer no *flou* dessa imprecisão. Lautréamont, pelo contrário, toma o satanismo ao pé da letra. Disso resulta, antes de tudo, que "um riso nervoso, dos mais embaraçosos" (J. Gracq), começa a sacudir o leitor, que não sabe mais onde se encontra. Numa paródia? Num documento clínico? Arrastado por um lirismo negro que é só um pouco mais radical do que os seus antecessores?

Observemos a forma do livro: o procedimento básico utilizado em *Maldoror* é o de aproveitar todo o material elaborado pela literatura que parecia, naquele momento, *moderna* — e que era, sobretudo, romântico, satânico, gótico, de acordo com quem o definia —, mas exacerbando-o, levando-o ao extremo e, dessa forma, desautorizando-o, com um gesto imperturbável, e reprimindo, cuidadosamente, o riso sardônico. Mas não era só isso: Lautréamont amalgamava, friamente, essa literatura exaltada e ambiciosa, que havia chegado ao seu limite com Byron e Baudelaire, com a vasta literatura para criadas e para senhoras, com as suas tolices e os seus arabescos sentimentais. Assim, os horrores do romantismo negro são apresentados até nos seus mais ínfimos detalhes, o que os torna ridículos, e associados com as *mièvreries* [afetações] do romance edificante, positivo (entenda-se o "realismo socialista" do século XIX), implacavelmente reproduzidas. Tudo conspira para que "a tragédia ecloda em meio a essa espantosa frivolidade". Tudo se coloca no mesmo plano, no som obsessivo de uma mesma voz, que nos chega "amplificada por um microfone avariado".

Mas há outro procedimento que se faz notar, ainda que — estranhamente — os mais ilustres críticos de Lautréamont nem o mencionem, como se se tratasse de um aspecto secundário. Ou seja, a repetição forçada: blocos erráticos de prosa são reencontrados, de forma idêntica, a uma distância de poucas linhas ou de poucas páginas. Podem ser frases isoladas, mas com um estilo que mesmo sozinhas já seriam notadas: "Mas uma massa informe o segue com determinação, graças às suas pegadas, em meio ao pó"; ou ainda: "Lá, num pequeno bosque circundado de flores, encontra-se o hermafrodita, profundamente adormecido sobre a erva, todo molhado de lágrimas". Ou ainda: "Os meninos seguem-no, atirando-lhe pedras, como se fosse um pardal". Em outros casos, a repetição é acompanhada de leves variações, a partir de uma frase na tonalidade fundamental, como no caso de "viram-me descer ao vale, estando a pele do meu peito imóvel e calma, como a laje de uma tumba". Ou então, finalmente, as reiterações podem multiplicar-se, sobrepor-se e proliferar, como no episódio de Falmer, o adolescente louro de rosto oval que Maldoror pega pelos cabelos e "faz girar no ar a uma tal velocidade que a cabeleira [lhe] fica nas mãos, enquanto o corpo, arremessado ao longe, vai se arrebentar no tronco de um carvalho...".

É como se a inofensiva anáfora, tal como se ensina em todos os manuais de retórica, se dilatasse para abandonar-se a uma deriva demente. Que tem, ao menos, duas conseqüências: antes de tudo, avizinha a página à natureza profunda do pesadelo, que não está tanto no caráter mais ou menos horrendo dos seus elementos quanto no fato de que estes regularmente se apresentem, de novo, à consciência. E, depois, injeta insensatez na narração, assim como uma palavra, quando a repetimos muitas vezes, torna-se uma concha fônica destacada de qualquer vínculo semântico.

Procedimentos como os que acabamos de descrever pressupõem que toda criação — e, em particular, qualquer forma literária, de qualquer nível — seja envolvida no manto tóxico da paródia. Nada é mais o que afirma ser. Tudo já é uma citação no momento em que aparece. Esse evento enigmático e perturbador, do qual poucos, até então, pareciam dar-se conta, pode ser visto como uma manifestação do fato de que o mundo inteiro, como Nietzsche logo iria anunciar, estava voltando a transformar-se em fábula. Mas agora a fábula é um turbilhão indiferente, onde os simulacros se revezam como uma poeira igualitária. "Lá onde não há deuses, reinam os fantasmas", vaticinara Novalis. E era possível acrescentar: deuses e fantasmas se alternarão no palco, com direitos idênticos. Não há mais um poderio teológico capaz de governá-los e de ordená-los. Quem se arriscará, então, a entrar em contato com eles, a coordená-los? Uma potência ulterior, até então mantida em perene minoria, e usada para o serviço do corpo social, mas que, nesse momento, ameaça desancorar-se de tudo e navegar, solitária e soberana, como uma nave que acolhe todos os simulacros e vaga, no oceano da mente, pelo puro prazer do jogo e do gesto: a literatura. Que, nessa sua mutação, poderá, também, ser definida como literatura absoluta.

Que a paródia seja o princípio regulador de toda a obra de Lautréamont não é coisa fácil de provar. Porque com Lautréamont, a rigor, *nada* se pode demonstrar. Com severa disciplina, ele não nos deixou uma única frase — não só nas suas obras mas também nas suas cartas — que possamos, com tranqüilidade, *levar a sério*. Vã é, no que lhe diz respeito, a busca de qualquer declaração a respeito da poética, a menos que a sua poética resida mesmo na suspeita de que todo o seu texto seja uma burla. E essa suspeita nos invade, imperiosamente, assim que nos avizinhamos do segundo painel da sua obra: a delgada coletânea chamada *Poésies*. E, ainda antes, daquilo que a prenuncia. Em outubro de 1869, Lautréamont escrevia a Poulet-Malassis: "Cantei o mal, assim como Mickiewicz, Byron, Milton, Southey, Alfred de Musset, Baudelaire etc. Naturalmente, subi um pouco o diapasão a fim de fazer algo de novo em relação àquela literatura sublime que canta o desespero só para oprimir o leitor e fazê-lo desejar o bem como um remédio". Já nessas linhas se respira o ar tonificante da burla. Mas é necessário, no entanto, reconstruir o subentendido: os *Chants de Maldoror* jaziam, naquele momento, em forma de provas, nos depósitos do editor, angustiado com a perspectiva de incorrer numa denúncia. Num primeiro momento, segundo o testemunho de Lacroix, "o conde de Lautréamont se recusava a alterar as violências do seu texto". Lautréamont deveria pagar, ainda, um saldo de oitocentos francos pelos gastos de impressão, soma essa que ele não pretendia entregar se o livro não fosse distribuído. A situação tinha, portanto, chegado a um impasse. E prejudicava tanto o autor quanto o impressor. Foi assim que se recorreu a Poulet-Malassis, bibliófilo e editor, habituado a encontrar os canais adequados para vender estoques de livros arriscados. Lautréamont escreve a Poulet-Malassis para fazer um acordo com ele ("Venda, eu não o impeço. Que devo fazer para que isso ocorra? Diga-me as suas condições!") — e, ao mesmo tempo, para sugerir-lhe uma maneira de lançar o livro, recorrendo à ridícula teoria do escritor que canta o mal para "oprimir o leitor" e, assim, incitá-lo a fazer o bem. Curiosamente, Poulet-

Malassis aceita a sugestão. E, já dois dias depois, no *Bulletin trimestriel des publications défendues en France imprimées à l'étranger* [Boletim trimestral das publicações proibidas em França e impressas no exterior], publicação por meio da qual ele costumava anunciar os seus títulos, o livro de Lautréamont é apresentado assim:

> "Não há mais maniqueus", dizia Pangloss. "Eu sou", respondia Martin. O autor deste livro pertence a uma espécie não menos rara. Assim como Baudelaire, assim como Flaubert, ele crê que a expressão estética do mal implica o mais vivo desejo pelo bem, a mais alta moralidade.

Poulet-Malassis era um homem bem mais perceptivo e esperto do que Lacroix, que Baudelaire odiava. Assim, aquela burla que já estava implícita na carta de Lautréamont (quando escrevia "elevei um pouco o diapasão" estaria pensando, no que diz respeito a Eros, área na qual Poulet-Malassis se especializara, na descrição do coito "longo, casto, horrendo" entre *Maldoror* e uma "enorme fêmea de tubarão", cópula que, um dia, iria deliciar Huysmans?), aquela mesma burla encontra o seu eco num anúncio publicitário. É como se Lautréamont, ao escrever para o seu novo distribuidor, estivesse lhe fornecendo instruções sobre como camuflar o livro para fazer que circulasse pelo mundo. No entanto, no fim da mesma carta, sentimos insinuar-se, também, um tom diferente. Após ter lhe recomendado enviar o livro aos principais críticos, Lautréamont acrescenta: "Somente eles julgarão, em primeira e última instância, o lançamento de uma publicação que, evidentemente, só verá o seu fim mais tarde, quando eu já terei encontrado o meu. Dessa forma, a moral definitiva ainda não existe. E, no entanto, há uma imensa dor em todas as páginas. Isso é o mal?". A última e lancinante pergunta é um daqueles raros intervalos em que Lautréamont se permite *falar diretamente*, sem a mediação do ultraje e da burla. Mas outro ponto deve, também, ser observado: Lautréamont alude a *Maldoror* como se fosse uma espécie de *carmen perpetuum* [canto permanente], que só se concluirá quando o seu autor estiver morto. Antes daquele momento, não poderemos saber qual é "a moral final". Insinuação: talvez até o *bem*, para o qual o texto deve encaminhar, seja uma conclusão provisória, alterável um dia. E esse é outro indício que ilumina *Maldoror* como uma fantasmagoria pululante de enganos e armadilhas.

Quatro meses depois da primeira carta a Poulet-Malassis, em 21 de fevereiro de 1870, Lautréamont escreve-lhe de novo. Aparentemente, nada aconteceu: "Lacroix cedeu os direitos de edição ou não? Ou foi o senhor quem a rejeitou? Ele não me disse nada. Eu ainda não o vi". Mas, durante aqueles meses, Lautréamont havia dado um passo decisivo nas suas elucubrações. E é assim que anuncia, logo depois: "Fique sabendo, reneguei o meu passado. Agora só canto a esperança; mas, para fazê-lo, é preciso, antes de tudo, enfrentar o mal deste século (melancolias, tristezas, dores, desesperos, resíduos lúgubres, maldades artificiais, orgulhos pueris, maldições ridículas etc. etc.). Numa obra que levarei para Lacroix, nos primeiros dias de março, eu seleciono as mais belas poesias de Lamartine, Victor Hugo, Alfred de Musset, Byron e Baudelaire, e as refaço no sentido da esperança. Aponto para o que se deveria fazer. Ao mesmo tempo, corrijo seis trechos dentre os piores do meu maldito livro". É o anúncio das *Poésies*. Nesses meses, Lautréamont parece ter se dado conta de que, para divulgar o seu monstruoso *Maldoror*, não bastava recorrer ao argumento do mal cantado para incitar ao bem, argumento semelhante demais ao dos pornógrafos, que declaram agir em defesa da castidade. Por que, então, não cantar o bem diretamente? Assim se delineia o novo procedimento, que é ainda mais ofensivo e pernicioso do que aquele que está incluso em *Maldoror*, e pode-se dizer que eleva a sua monstruosidade ao quadrado: corrigir textos de outros "no sentido da esperança". O pressuposto é que se derrubem todos os recintos de propriedade literária. Os autores são fantoches. A literatura é um *continuum* de palavras no qual se pode intervir à vontade, até para transformar todos os signos nos seus opostos. Mas lançando-se agora no sulco da derrisão total, Lautréamont não quer, ou não consegue mais, se deter. O que foi elevado ao quadrado poderá, também, ser elevado ao cubo. Então, por que limitar-se a corrigir os autores do mal desviando-os na direção do bem? Por que não corrigir também os autores que representam o próprio bem? E quais serão eles? Por definição, aqueles que são lidos nas escolas.

Esse grau ulterior de exasperação, que, agora, investe contra tudo e todos, contra os Bons e os Maus ao mesmo tempo, também será prenunciado por Lautréamont numa carta, a sua última. Mas, desta vez, ao banqueiro da família Darasse, que lhe passava uma magra mesada. A ele, agora, Lautréamont pedia uma antecipação, para pagar as despesas de impressão de uma obra que, desta vez, era apresentada como impecavelmente virtuosa. Após breve crônica das suas desventuras com Lacroix, Lautréamont acrescenta: "Foi tudo em vão. Isso me fez abrir os olhos. E eu me disse que, já que a poesia da dúvida (dos volumes de hoje não sobrarão mais do que umas cento e cinqüenta páginas) chega a tal ponto de tétrico desespero e de malvadez teórica, segue-se que ela é radicalmente falsa; por essa razão, *botar em discussão os princípios, que não devem ser discutidos*, é mais do que injusto. Os gemidos poéticos deste século não passam de horrendos sofismas. Cantar o tédio, as dores, a tristeza, a melancolia, a morte, a sombra, o escuro etc. significa não pretender nada além de contemplar, a todo custo, o pueril avesso das coisas. Lamartine, Hugo, Musset se metamorfosearam, voluntariamente, em mulherzinhas. São os frouxos do nosso tempo. Sempre choramingando! Eis por que mudei completamente de método, para não cantar a não ser *a esperança*, a CALMA, *a felicidade*, o DEVER. E é assim que me vinculo aos Corneille e aos Racine, através da cadeia do bom senso e do sangue-frio, bruscamente interrompida após os afetados Voltaire e Rousseau".

É o caso de observar alguns detalhes. Antes de tudo, essa carta não se endereça a um editor, como Poulet-Malassis, que fora amigo de Baudelaire, mas a um banqueiro que empregava, em relação ao jovem filho de seu cliente, "um deplorável sistema de desconfiança", totalmente de acordo com a sua função. Além disso, dada a sua natureza, essa carta parecia destinada a perder-se, como ocorreu com inúmeras outras do mesmo gênero. De fato, se sobreviveu, isso se deve apenas a um encontro fortuito, cheio de ironia intensamente ducassiana: em 1978, um eletricista de Gavray, departamento da Mancha, encontrou-a numa pilha de papéis velhos que um adeleiro catador de papel, de Porbail, na região de Valognes, vendia.

Escrevendo para Darasse, Lautréamont assume o tom do postulante que quer receber dinheiro adiantado e, por isso, pretende tranqüilizar o banqueiro da família mostrando-se sob o aspecto de um jovem de bons sentimentos. Mas, ao mesmo tempo, aquele banqueiro torna-se o modelo do seu leitor, porque muitas das expressões da carta são reencontradas, quase idênticas, nas *Poésies*. E, com isso, Lautréamont atinge a incandescência da irrisão. Ao mesmo tempo que revela, mais uma vez, sua característica (quase um vício congênito) que Artaud iria definir assim: "[Lautréamont] não consegue escrever uma simples carta comum sem que se perceba, nela, uma trepidação epileptóide do Verbo que, independentemente do assunto tratado, não se deixa usar sem fremir". Mas o que acontecerá se a "trepidação epileptóide do Verbo" se puser a serviço, como pretende agora, daquela "famosa idéia do bem", cultivada pelos "corpos docentes, conservadores do gosto", que endereçam "as gerações jovens e velhas para o caminho da honestidade e do trabalho?".

O resultado será *Poésies*, obra da qual apareceram dois fascículos, diferenciados pelo número romano: de *Poésies I* sobrevivem, hoje, dois exemplares; de *Poésies II*, um só, na Biblioteca Nacional de Paris. E isso também pode ser somado aos gloriosos recordes de Lautréamont. Que, por outro lado, volta, aqui, a assumir o seu verdadeiro nome: Isidore Ducasse. Por que esconder-se, se essa obra — garante ele — pode "ser lida por uma menina de catorze anos"?

Poésies I apresenta-se como uma drástica declaração de intenções que, em tom solene, dá seqüência e amplifica a carta ao banqueiro Darasse. Mas logo se encontra uma primeira, uma brutal infração das formas: um parágrafo de uma página e meia, constituído por um só período, no qual o verbo principal só aparece após quarenta linhas, no final de uma *enumeração caótica* dos elementos básicos da literatura condenável. Hoje, esse parágrafo se impõe como uma soberba paródia de *toda* a literatura do século xix. Ele começa com "as perturbações, as ansiedades, as depravações", continua com a lista por uma vintena de linhas, prossegue com "os odores de galinha molhada, os langores, as rãs, os pólipos, os tubarões, o vento do deserto, o que é sonambúlico, suspeito, noturno, sonífero, noctâmbulo, viscoso, foca falante, equívoco, tísico, espasmódico, afrodisíaco, anêmico, vesgo", e segue adiante, vindo a definir, finalmente, todos os elementos listados como "carnificina imunda que enrubesço só de citar". E, no entanto, citou 101 itens, enrubescendo, talvez, todas as vezes. E, a propósito de "carnificina", o leitor de *Maldoror* logo irá relacioná-la com o misterioso Marvyn, quando este fala do "lugar onde mora o [seu] imobilismo glacial, circundado por um longo corredor de salas desertas, carnificinas imundas de suas horas de tédio".

Mas Lautréamont nos persegue — e, poucas linhas depois, o desmesurado parágrafo enumerativo já enuncia o novo cânone literário: "As obras-primas da língua francesa são os discursos de premiação nos ginásios, bem como os discursos acadêmicos". E é como se, aqui, Lautréamont estivesse antegozando uma volúpia inaudita: não mais contrapor, como em *Maldoror*, a exuberância do monstruoso a uma ordem digna e obtusa, e sim desenvolver a monstruosidade a partir do interior da própria ordem, usando a técnica que mais lhe era apropriada: tomar ao pé da letra e levar ao extremo. É assim que ele vai voar em direção a conclusões como esta: "Qualquer literatura que discuta os axiomas eternos está condenada a viver apenas de si mesma. Ela é injusta. Ela devora o próprio fígado. Os *novissima verba* fazem os fedelhos do ginásio sorrirem, com arrogância. Nós não temos o direito de interrogar o Criador sobre coisa alguma". Enquanto ainda saboreamos essas frases peremptórias e vazias, um pensamento nos vem: aquele que estamos lendo é, a seu modo, um dos mais puros exemplares da *literatura que vive só de si mesma*.

Mas passemos às *Poésies II*: aqui, logo se põe em ação o perverso mecanismo prenunciado em *Poésies I*. O procedimento principal torna-se, agora, o plágio. Ou, mais exatamente, o plágio com inversão e subversão dos termos. A coisa funciona assim: tomam-se passagens dos grandes clássicos (os prediletos são, antes de tudo, Pascal, que predomina, e, depois, La Rochefoucauld, Vauvenargues e La Bruyère, mas há espaço também para os modernos Hugo e Vigny) e se enuncia como afirmação o que era negação — ou vice-versa. Essa técnica de inversão conduz a resultados divergentes. O mais freqüente é uma obra de neutralização, que esvazia de sentido tanto a passagem já deformada quanto a passagem-sombra, às vezes celebérrima, que está na sua origem. Para esse fim, o meio mais eficaz consiste em eliminar o espaço em branco entre um trecho e outro, forçando a farpa aforística ou o denso fragmento a uma justaposição, e isso com pacata e insensata naturalidade. Às vezes, no entanto, da inversão jorra algo totalmente diferente: um deslumbramento que ilumina o maligno torturador de textos mais do que o próprio texto clássico torturado. Encontramos um exemplo numa passagem de Pascal sobre a felicidade, que termina num tom estranhamente edificante, censurando o homem "que a busca, inutilmente, nas coisas exteriores, sem jamais poder contentar-se, já que ela não está nem em nós nem nas criaturas, mas apenas em Deus". Isso é Pascal, mas poderia ser qualquer um dos numerosos mestres espirituais que utilizaram o idioma francês. E é aqui que entra Lautréamont: "O homem se entedia, procura uma multidão de ocupações. Tem a idéia da felicidade que conquistou: encontrando-a em si, busca-a nas coisas exteriores. Contenta-se. *A infelicidade não está nem em nós nem nas criaturas. Está em Elohim*". De repente, na última frase, o jogo burlesco aparece num versículo gnóstico. E o procedimento não se detém aqui. Um pouco mais adiante, tomando como texto-sombra uma passagem enfática de Vauvenargues, constelada de pontos de exclamação e de interrogação, Lautréamont o enxuga e o reconduz à sobriedade, desviando o seu sentido, ainda uma vez, para um soturno esquema de luta cósmica: "Sabemos o que são o sol e os céus. Possuímos os segredos dos seus movimentos. Na mão de Elohim, como um instrumento cego, um mecanismo insensível, o mundo atrai as nossas homenagens. As revoluções dos impérios, as transformações dos tempos, as nações, os conquistadores da ciência, tudo isso vem de um átomo que se levanta, dura um só dia, destrói o espetáculo do universo, em todas as épocas". O tom de Lautréamont vibra de forma inconfundível nesse "destrói o espetáculo do universo", que, em Vauvenargues, assim se apresentava: "abarca, de certa maneira, só com um olhar, o espetáculo do universo, em todas as épocas". Mas, talvez, o ultraje final esteja um pouco depois (e logo antes do final), quando Lautréamont usa, como texto-sombra, uma célebre passagem de La Bruyère: "Tudo foi dito, e chegamos tarde demais, depois de mais de sete mil anos que existem homens pensantes. No que diz respeito aos costumes, o mais belo e o melhor já tiveram o seu momento. Não fazemos mais do que rebuscar, após os antigos e os mais hábeis entre os modernos". Observemos a inversão: "Nada foi dito. Chegamos cedo demais depois de sete mil anos que existem os homens. No que diz respeito aos costumes, *assim como ao resto* [sublinho as palavras que, em La Bruyère, não aparecem], a parte pior já teve o seu tempo. Temos a vantagem de atuar após os antigos, nós que somos hábeis entre os modernos". A passagem de La Bruyère é o próprio *exemplum* da cultura, da lenta transmissão do saber, da *douceur* que, com o tempo, impregna a civilização, abranda-a e a extenua. A passagem de Lautréamont é o anúncio do bárbaro artificial, que se prepara para sair da afasia, mesmo que seja, ainda, "cedo demais". E o desprezo envolve todo o passado, como uma corrente servil de homens que transmitem um saber que diz respeito "à parte pior" de tudo. De resto, como já as *Poésies* haviam sentenciado, invertendo Vauvenargues: "Podemos ser justos se não formos humanos".

No final da leitura de *Poésies II*, sentimo-nos invadidos, ao mesmo tempo, por uma insana hilaridade e por um vasto mal-estar. Que não conseguimos relacionar com nada de literário, mas sim com a sensação de afasia evocada por Max Stirner nas páginas do *Único*. Podemos dizer que o ponto comum entre Lautréamont e Stirner (e nenhum outro de seus contemporâneos) é aquela lúgubre pitada de autonomia que não é muito mais do que um tranqüilo delírio autístico. A solidão deve ser total, absoluta e capaz de expandir-se indefinidamente. Assim, Maldoror elucubra: "Se existo, não sou um outro. Não admito, em mim, essa equívoca pluralidade. Quero residir, sozinho, no meu raciocínio íntimo. A autonomia... ou, então, que eu me transforme em hipopótamo!". Aqui, o estilhaço infinitesimal do sujeito, exatamente como o *único* de Stirner, contrapõe-se a qualquer *outro*, mas, sobretudo, àquele devastador Outro no qual é fácil reconhecer o "Celeste Bandido", o Demiurgo funesto, pronto para insinuar-se por toda parte — e, para começar, nos recessos da vida mental dos particulares — com a sua "curiosidade feroz". Porque este é o ponto, acrescenta Maldoror: "A minha subjetividade e o Criador, isso é muito para um cérebro!". Como iria observar, um dia, Remy de Gourmont concisamente: "[Lautréamont] só vê, no mundo, a si mesmo e a Deus — e Deus o aborrece".

Depois de Stirner, Lautréamont é o outro bárbaro artificial que irrompe na cena. Não do espírito, desta vez, mas da literatura. Assim como Stirner mostrara aos intrépidos neo-hegelianos que eles não passavam de um punhado de carolas, tementes ao Estado e à Humanidade, assim também Lautréamont revelou aos satanistas românticos, vasta tribo que culmina com Baudelaire, que eles haviam se detido nas primícias do *noir*, sem descer ao detalhe do horror, com exatidão, paciência e olhar sem névoa. Até os supostos lugares de onde vieram essas duas nuvens venenosas eram idênticos: quartos alugados em andares altos, numa cidade grande — Berlim ou Paris —, céu profundo por trás das vidraças, sombras nas paredes. No passado desconhecido de ambos, se entrevê uma adolescência agitada, fantasiosa e cheia de devaneios, que "exala, pelos poros, a violação dos deveres", fechada entre aqueles muros de colégio que "nutrem milhares de ressentimentos inexpiáveis, que podem marcar, com fogo, uma vida inteira".

Fúria destrutiva comprimida, caráter magmático da forma. Primeiro leitor atento de Lautréamont, Leon Bloy percebeu, de imediato: "É lava líquida. É algo de insensato, negro, devorador". Só de Lautréamont e de Stirner não possuímos retratos (de Stirner apenas um perfil com um monóculo, traçado por Engels, 36 anos após a sua morte). Stirner trata a filosofia (a mais ousada filosofia) que o precede como Lautréamont trata a literatura dos rebeldes românticos: exasperando-a para poder dissolvê-la. Ambos são movidos pelo ímpio desejo de ver o que acontecerá se todas as regras forem pisoteadas. Obviamente, quase nada, no sentido de que praticamente ninguém percebeu o que estava ocorrendo naquele momento. Mas ficou o gesto. Com eles, a filosofia e a literatura sofreram uma lesão fatal.

5. Um aposento sem ninguém dentro

O principal argumento contra os mitos gregos sempre foi de caráter moral — e, antes de tudo, sexual: os mitos pareciam condenáveis porque estavam cheios de histórias inconvenientes, nas quais os atores eram os próprios deuses. O tema não foi, com certeza, inventado pelos Padres da Igreja, os quais se esforçaram apenas, por dever de ofício, em exagerá-lo. Já o encontramos em Xenofonte — e, especialmente, em Platão. Depois, todas as épocas lhe dariam o seu colorido, dos alexandrinos ao rococó. A corrente das condenações não estava interrompida quando se chegou à tradução, feita por Stéphane Mallarmé, no ano de 1879, de um pequeno livro de mitologia: o *Manual of Mythology*, do reverendo George W. Cox. Mallarmé se dedicara ao empreendimento, destinado às escolas secundárias, porque se via premido por dificuldades financeiras, mas em parte também por seu interesse por certo esoterismo privado, assim como se havia lançado, alguns anos antes, na redação integral de uma revista de frivolidades, *La Dernière Mode*, que ainda conseguia — quando espanava a sua poeira, escreveu ele mais tarde — fazê-lo "sonhar por bom tempo". Ao adaptar o texto de Cox para o "espírito francês", Mallarmé alterou alguma coisa do original, parafraseando e reformulando com critérios que são reveladores. Assim, quando encontramos uma divergência entre os textos, pensamos logo em como e por que Mallarmé interveio. Até que nos cai sob os olhos uma frase extraordinária: *Si les dieux ne font rien d'inconvenant, c'est alors qu'ils ne sont plus dieux du tout* [Se os deuses não fazem nada de inconveniente, é porque deixaram de ser deuses].

Vinte e cinco séculos de moralidade — pagã, cristã e leiga — parecem afundar diante dessas palavras. Será que para serem deuses, *é preciso* que eles realizem atos inconvenientes? Será que aquele vasto repertório de feitos inomináveis que encontramos nas fábulas antigas é, ele próprio, o código da manifestação divina? Uma visão teológica dessa natureza mereceria longa reflexão. E, no final, poderia até revelar-se mais clarividente do que as desaprovações às quais estamos habituados, pelo menos se a entendermos como um desconcertante prelúdio a algum tipo de mistério. Logo após a surpresa, corremos para examinar o texto de Cox, onde lemos — e é uma tradução correta de Eurípides: *If the gods do ought unseemly, then they are not gods at all*. "Se os deuses fazem algo de inconveniente, então não são mais deuses." Portanto, o oposto do que diz a tradução de Mallarmé. O qual, no entanto, no contexto imediato, respeita plenamente o sentido da citação de Cox. Impõe-se, dessa forma, a hipótese proposta por Bertrand Marchal: "É possível que Mallarmé tenha, de fato, escrito: *Si les dieux font rien d'inconvenant*, e que um revisor zeloso demais tenha acrescentado o lamentável *ne*, que teria, depois, escapado à atenção do poeta". Essa catástrofe teológica seria, então, decorrência do cruzamento do perfeccionismo de um tipógrafo com um descuido do poeta. Assim, a desforra dos deuses pagãos, após uma perseguição milenar, teria culminado num erro, o que é muito significativo, já que a falha aparece numa página do autor que pretendia eliminar o acaso da escrita. E convém constatar, também, que ninguém, antes daquele momento, ousara pensar em algo que foi justamente o acaso que acabou por formular.

Tudo isso adquire outra coloração se nos lembrarmos das *Poésies* de Lautréamont, já que a frase escandalosa poderia, e muito bem, ser uma das tantas submetidas, naquele texto, ao procedimento sarcástico da inversão. E, então, é como se aquela sensação de incerteza e de vertigem, suscitada pelas *Poésies*, se expandisse, como os tentáculos sedosos de um polvo, até chegar a Mallarmé. Como se o ato de suprema irrisão da literatura tivesse de misturar a sua seiva com a obra que põe em jogo a suprema reivindicação da própria literatura. Aquela frase sobre os deuses nos faz pensar também em outra singularidade da adaptação de Mallarmé, desta vez não mais atribuível às malícias do acaso. Quase todas as vezes que Cox escreve *God*, Mallarmé traduz "divindade". E o "desvio máximo", que pode ser encontrado no parágrafo sucessivo ao da frase escandalosa, é o seguinte:

> COX *Zeus was a mere name by which they might speak of Him in whom we live, and move, and have our being.* [Zeus era um mero nome pelo qual eles podiam falar Daquele no qual vivemos, nos movemos e mantemos o nosso ser.]

> MALLARMÉ *Zeus était un pur nom, à la faveur de quoi il leur fût possible de parler de la divinité, inscrite au fond de notre être.* [Zeus era um simples nome, graças ao qual lhes foi possível falar da divindade, inscrita no âmago do nosso ser.]

O desvio é evidente, e as suas conseqüências não são pequenas: de um lado, está Cox, que trata os gregos como crianças que, confusamente, entrevêem a verdade, alcançável apenas na revelação cristã, quando ficará claro *Quem é*, verdadeiramente, aquela *Pessoa* "na qual vivemos e nos movemos e mantemos o nosso ser", de acordo com a nobre fórmula de São Paulo, dirigida aos atenienses; do outro, Mallarmé, que se refere a uma entidade impessoal, a respeito da qual ele diz apenas, com palavras sóbrias e misteriosas, que está "inscrita no fundo do nosso ser". Mas o que entende Mallarmé com a palavra "divindade"? Mais do que pelos deuses, facilmente suspeitos, na sua versão parnasiana, de ser os precursores de certa ginástica rítmica, do tipo da de Isadora Duncan, no melhor dos casos, Mallarmé sempre foi atraído pela forma neutra do divino, como *fundo* que nutre tudo e do qual tudo brota, fundo a um tempo cósmico e mental, imparcialmente repartido, a respeito do qual ele iria escrever, um dia: "Deve haver algo oculto no fundo de todas as coisas; eu creio, firmemente, em algo de recôndito, num significante fechado e secreto, que vive na generalidade". Mas, antes de ter acesso àquele "significante fechado e secreto", que iria ser a sua obra inteira, Mallarmé havia passado por uma feroz, silenciosa, prolongada dramaturgia mental, culminando numa "luta terrível com aquela velha e malvada plumagem, felizmente abatida, Deus". Mais exatamente: "aquela luta se dera na sua asa ossuda, a qual, durante uma agonia mais demorada do que se poderia suspeitar, me arrastara para as Trevas". O que, de imediato, pode-se dizer desse duelo é que ele antecipa, em alguns meses, as cruéis descrições dos reiterados choques de Maldoror com o Criador, quando este último, por exemplo, vê "caídos do pedestal os anais do céu", enquanto Maldoror aplicava as suas "quatrocentas ventosas na cavidade da sua axila", fazendo-o "dar gritos terríveis".

Antes de chegar a qualquer fundo divino, impõe-se, portanto, matar um ser chamado Deus, velho pássaro tenaz, agarrado ao seu antagonista, numa agonia longa demais. E o que teria acontecido depois? Ainda numa carta do mesmo período, Mallarmé relata: "eu acabara de esboçar o plano da minha Obra inteira, depois de ter encontrado a chave de mim mesmo — où, se preferirem, para não abusar das metáforas, o elemento central, o centro de mim mesmo, onde resido como uma aranha sagrada, sobre os fios principais, já elaborados pela minha mente, e com a ajuda dos quais tecerei, *nos pontos de cruzamento*, rendas maravilhosas, que vislumbro e que já existem, no seio da Beleza". Da mesma forma que o citado "pássaro de asa ossuda", essa "aranha sagrada" pertence à zoologia de Lautréamont. O que ocorria no segredo da mente parecia estar esperando, ansiosamente, por aquele novo teratólogo, por aquele visionário de um reino animal dilatado.

Mas por que Mallarmé descreve a si mesmo como uma "aranha sagrada"? Será que, após ter abatido a "velha plumagem, Deus", chegou a pretender substituir a Ele, tomado por um delírio de onipotência? Ou não teria sido, antes, um delírio de impotência a afligir aquele jovem professor de inglês, recluso na mais sombria província? Nem uma coisa, nem outra. Ao falar de si mesmo como "aranha sagrada", Mallarmé exercitava, apenas, a sua função de poeta, que é, antes de tudo, a de ser preciso. O que ele não poderia saber era que não estava falando de si, mas do Si-mesmo, do *atman*.

Vamos abrir o *Upanixade Brhadaranyaka*: "Assim como uma aranha cria a sua teia, assim como, do fogo, soltam-se pequenas faíscas, assim, do Si-mesmo, brotam todos os sentidos, todos os mundos, todos os deuses, todos os seres".

E, em outros Upanixades, fala-se de um "deus único que, semelhante à aranha, envolve-se nos fios gerados pela matéria não manifesta (*pradhana*), segundo a sua natureza (*svabhavatah*)". E também se diz: "Assim como uma aranha produz e reabsorve o seu fio, assim como as ervas nascem da terra, assim como os cabelos saem da cabeça e do corpo de um ser vivo, assim tudo aqui surge do indestrutível".

Ignorante dos textos védicos, iniciado apenas (graças ao amigo Lefébure) num budismo elementar, mas sempre procurando rejeitar qualquer conexão direta ("o Nada, ao qual cheguei sem conhecer o budismo"), Mallarmé estava abrindo o seu caminho em direção a algo que, no léxico da sua época, não possuía nome, mas no interior do qual ele iria operar por muito tempo. E, a esse objetivo, ele tinha, inicialmente, a intenção de dedicar três anos, após uma *thèse d'agrégation* [tese de concurso de efetivação], da qual sobrou quase só o título: *De divinitate*. Mas sabemos que Mallarmé via, nela, a saída — e também a convalescença — de um processo longo e devastador, que o transformara em outro ser.

A fase aguda, arrebatada, daquele processo durou um ano, de maio de 1866 a maio de 1867. Mallarmé era, então, um professor de inglês de 24 anos, no ginásio de Tournon e, depois, no de Besançon, onde o clima é "negro, úmido e glacial". Descendia de uma estirpe íntegra de funcionários da Repartição do Registro Civil. Na sua família, "fazer carreira" significava fazer carreira no Registro Civil. Da sua linhagem, Mallarmé foi o primeiro a negar a raça, ao escolher a poesia. Já havia percebido que o mundo circundante tinha "cheiro de cozinha". Como poeta, cabia-lhe, antes de tudo, dar um passo a mais na trilha de Baudelaire. E já o havia feito — magistralmente — ao escrever *L'Azur* [O azul] e *Brise marine* [Brisa marinha]. Na primavera de 1866, Mallarmé passa uma semana em Cannes e algo sucede — uma espécie de evento primordial, como será a "noite de Gênova" para Valéry. A primeira referência encontra-se na carta a Cazalis de 28 de abril.

Mallarmé relata: "burilando o verso até aquele ponto, encontrei dois abismos, que me angustiam. Um é o Nada". Aquele "pensamento esmagador" fez que ele abandonasse a poesia temporariamente. Mas, logo depois, Mallarmé dá início a um texto que é uma espécie de fundamento metafísico da obra que ele ainda estava por escrever : "Sim, *eu sei*, não somos nada além de formas vácuas da matéria, mas somos bem sublimes, já que inventamos Deus e a nossa própria alma. Tão sublimes, meu amigo, que pretendo oferecer-me esse espetáculo da matéria, que tem a consciência de ser e que, ao mesmo tempo, se arroja, loucamente, no Sonho que ela sabe não ser, e canta a Alma e todas as divinas impressões similares que se acumularam em nós, desde a primeira idade, e que proclamam, diante do Nada que é a verdade, aquelas mentiras gloriosas!". Os fios que se entrelaçam nessa fase não cessarão de desenrolar-se até a morte de Mallarmé. E também as ambigüidades: antes de tudo, naquele *s'élançant*, para onde convergem o sujeito que deseja desfrutar esse "espetáculo da matéria" e a própria matéria que se observa.

Aqui, nós nos sentimos bruscamente inseridos num lugar geométrico chamado Mallarmé. E já é possível respirar um ar a um tempo químico, de laboratório de dissecação, e alquímico, a tepidez do *opus*. Essa é a atmosfera da *décadence*, que surgiu especialmente com a dissociação das formas e da psique. Mallarmé se preparava para transformar-se, ao mesmo tempo, no seu sacerdote e no seu cientista. Enquanto isso, o processo atuava. Mallarmé escreve, e sempre para Cazalis: "Há um mês, encontro-me nas mais puras geleiras da estética — após ter encontrado o Nada, encontrei o Belo". E a obra vai-se definindo, agora no feminino, porque é "a Grande Obra, como diziam os alquimistas, os nossos antepassados". Anuncia-se uma longa elaboração: "Preciso de vinte anos para levá-lo [o *opus*] a cabo, e o resto da minha vida será dedicado a uma Estética da Poesia".

Que estava acontecendo? Uma descida até o Nada, assimilável a uma *saison en enfer*, mas não tórrida e equívoca, como a de Rimbaud. Aliás, nem mesmo perceptível do exterior, e sim como um edifício que se dissolve em escombros enquanto a fachada permanece intacta — e só mais tarde as janelas descobrem que são órbitas vazias a enquadrar o céu *por trás* delas. Algo de arrepiante e de taciturno estava ocorrendo, e que Mallarmé descreveu assim: "Sinto-me verdadeiramente fragmentado, e dizer que isso acontece porque tenho uma visão muito... una do Universo! Por outro lado, não é possível sentir nenhuma outra unidade a não ser a da própria vida. Num museu de Londres, há 'o valor de um homem': um longo esquife, com numerosos compartimentos, onde se encontram amido, fósforo, farinha, garrafas de água, de álcool — e pedaços grandes de gelatina fabricada. Eu sou um homem assim". Sentimos, de novo, um odor envolvente, levemente nauseabundo, de formol. Mas quem é que se descreve desse modo? O obscuro professor de inglês? Algum outro lado dele?

É aí que, mais uma vez, aparece o Progenitor, o Prajapati dos Brahmana: exausto, desarticulado, agonizante, ou seja: aquele que tinha de decompor-se para que algo aparecesse, existisse. Até mesmo os deuses, que são seres com um perfil, e que não conhecem a dor do "indefinido", do *anirukta*, do qual saíram e que se irradia neles. Mas, desta vez, Prajapati, sacudindo a bruma dos séculos, vê-se transposto para a época áurea do positivismo, quando o homem não passa de física somada com química, e a consciência é apenas um vago epifenômeno das funções superiores, do qual ninguém mais tem tempo de ocupar-se. Isso iria, também, fazer parte da sua vida ilimitada. Mas por que Mallarmé havia buscado logo ele, e sem o conhecer?

Fulgura, aqui, a faísca dos inícios: para pôr em obra, para fazer *obra* de literatura absoluta é preciso recuar até uma época indiferenciada, anterior aos deuses, quando Prajapati elaborava o seu desejo de uma exterioridade visível e palpável com um "ardor" que é chamado de *tapas* e que Mallarmé concebia como o forno para o crisol alquímico. Por ele Mallarmé se sentira atraído, até deixara-se guiar, de tal modo que, pouco a pouco, os elementos do seu corpo vieram a se depositar naqueles escuros compartimentos químicos de farmácia e de necrotério. E quem o guiava? Assim respondeu o poeta: "A Destruição foi a minha Beatriz".

No apartamento de Mallarmé havia um espelho veneziano, uma espécie de talismã. Nele, no curso do processo que o havia "arrastado para as Trevas", ele se sentiu afundar, "perdida e infinitamente". Agora, o espelho já não refletia mais aquele que o contemplava, estudando o seu reflexo. Ali, um dia, ele voltaria a aflorar, como restos jogados num charco. Olhou-se, reconheceu-se — e voltou à vida de sempre. Mas sabia que algo mudara. Quis avisar o amigo mais íntimo, Cazalis: agora, ele não era mais o "Stéphane que conheceste — e sim uma disposição do Universo Espiritual de ver-se e desenvolver-se, por meio daquele que eu fui". Essas palavras que, como notícias para um amigo, soam um tanto delirantes, tornam-se evidentes e adquirem plausibilidade se as imaginarmos como a descrição de um episódio da vida de Prajapati. Mallarmé estava tentando dar nome a um processo que, no léxico da sua tradição, *não estava registrado*. E, no entanto, insistia, como se pressentisse que aquela via impraticável era a única adequada para ele. Mas qual era a articulação que unia Mallarmé àquele ser — Prajapati — do qual o Ocidente ainda não sabia nada, já que nenhum dos Brahmana havia sido traduzido até então?

Uma palavra: *manas*, "mente" (a *mens* latina). Dizem os Brahmana: "Prajapati é, por assim dizer, a mente"; ou, então, alhures: "A mente é Prajapati". Se tivéssemos de dizer qual é o desvio peculiar e radical que separa Mallarmé da poesia anterior — e da sucessiva —, a resposta seria: jamais a poesia fora tão soberbamente sobreposta ao dado mais elementar e misterioso de todos, ou seja: o fato de que certo fragmento de matéria seja dotado daquela qualidade que não se assemelha a coisa alguma, e que é o próprio *medium* no qual aparece toda qualidade e toda semelhança — a "consciência".

Não é verdade, como escreveu um dia Marcel Proust a Reynaldo Hahn, que, em Mallarmé, as imagens se perdem. Não; são, "ainda, as imagens dos entes, já que não seríamos capazes de imaginar outra coisa, mas são imagens refletidas, por assim dizer, no espelho escuro e polido do mármore negro". E esse "mármore negro" é a mente. Com Mallarmé, a matéria da poesia é reduzida, com um rigor que nunca fora alcançado, nem o seria depois, a uma experiência mental. Fechada num invisível *templum*, a palavra evoca, sucessivamente, simulacros, mutações e ocorrências, que surgem e se dissolvem na câmara lacrada da mente, lá onde é o crisol que arde. É esse o lugar para o qual o leitor é atraído, mas, para chegar até lá, deverá percorrer o *iter* [caminho] em si mesmo. A isso aludia Mallarmé quando insistia, teimosamente, no fato de que sua poesia era composta de efeitos e sugestões que deveriam agir como se estivessem tocando um teclado mental. Jamais oferecer o objeto, mas sim a sua ressonância. Por que essa obsessão? Muitos leitores recentes acreditam que nesse preceito mallarmeano está implícita uma redução do mundo à palavra, e é essa redução que traz, como conseqüência, a plena auto-referencialidade e a auto-suficiência verbal da sua obra. Mas não é bem assim: aliás, tal visão empobrece e frustra a oculta operação em ato. O pressuposto dessa interpretação é exatamente o postulado que rege boa parte do nosso mundo, que o ajuda a funcionar mas que, ao mesmo tempo, torna-o impróprio para captar uma parte importante do essencial. Na sua forma mais concisa, tal postulado declara que pensamento é linguagem. Mais ainda, que a mente é linguagem. Mas nós não pensamos com palavras. Nós pensamos *às vezes* com palavras. As palavras são arquipélagos flutuantes e esporádicos. A mente é o mar. Reconhecer, na mente, esse mar parece ser algo de proibido, que as ortodoxias vigentes, nas suas várias versões, científicas ou apenas *commonsensical* [de senso comum], evitam quase por instinto. Mas é justamente essa a bifurcação essencial. Aqui se decide em que direção se moverá a consciência.

Neste ponto, surge uma questão: em que momento a perturbação estrutural que se produzira em Mallarmé, entre maio de 1866 e maio de 1867, se manifestou na sua poesia? Vamos abrir o soneto chamado "in -*ix*", pois inclui uma seqüência de rimas difíceis, em -*ix*, e foi definido por Mallarmé como "soneto alegórico de si mesmo".*

Essa definição já nos avisa que estamos no limiar de algo jamais experimentado. Na época em que a alegoria estava se transformando num apêndice da função pública e servia, sobretudo, para projetar deselegantes monumentos comemorativos de todo tipo de maiúscula, que podia ser a Pátria, a Humanidade, o Progresso, a Vitória ou qualquer outra coisa do gênero, a própria pretensão de oferecer, numa seqüência de palavras, algo que fosse "alegórico de si mesmo" constituía um desafio e uma insolência. A isso acrescentava-se um risco ulterior: o de entremear o soneto com rimas "in -*ix*", das mais raras em língua francesa — a tal ponto que, durante a feitura do soneto, Mallarmé terá de mendigar informações junto aos seus amigos sobre o significado preciso da palavra *ptyx*, da qual sentia necessidade para avançar no poema. Mas esse aspecto, ainda que o mais vistoso da poesia, não é o mais relevante.

O território que o soneto "alegórico de si mesmo" conquista não é, certamente, a refinada seqüência de rimas em -*ix*. No final das contas, a poesia barroca havia produzido, e de forma abundante, proezas do gênero, e bastaria desenterrá-las das bi-

---

* *Ses purs ongles très haut dédiant leur onyx,/ L'Angoisse, ce minuit, soutient, lampadophore,/ Maint rêve vespéral brûlé par le Phénix/ Que ne recueille pas de cinéraire amphore// Sur les crédences, au salon vide: nul ptyx,/ Aboli bibelot d'inanité sonore,/ (Car le Maître est allé puiser des pleurs au Styx/ Avec ce seul objet dont le Néant s'honore).// Mais proche la croisée au nord vacante, un or/ Agonise selon peut-être le décor/ Des licornes ruant du feu contre une nixe,// Elle, défunte nue en le miroir, encor/ Que, dans l'oubli fermé par le cadre, se fixe/ De scintillations sitôt le septuor.*

bliotecas. E nem é o jogo de refrações, a "miragem interna das próprias palavras", segundo o preceito que Mallarmé assim explicitou: "Creio que [...] o objetivo que devemos ter em mira, antes de tudo, é que, na poesia, as palavras [...] *se reflitam umas nas outras, até que não tenham mais a sua cor própria e não passem de modulações*". Essa regra poderia ser aplicada a toda a poesia de Mallarmé; mas, para entendê-la, é preciso, primeiro, descobrir *dentro de que espaço* ela opera.

Ora, para nos aproximarmos de tal espaço, dispomos — privilégio raríssimo — da paráfrase do soneto escrita por seu autor, o menos parafraseável de todos os escritores. A intenção era auxiliar o gravador que deveria ilustrar o texto com uma água-forte. Mallarmé a imaginava "cheia de Sonho e de Vazio". Depois, nada aconteceu: o soneto foi recusado, provavelmente porque parecia incompreensível. Mallarmé o resumiu assim:

> Exemplificando: uma janela noturna escancarada, com as duas persianas abaixadas; um aposento sem ninguém dentro, apesar do ar de estabilidade decorrente das persianas abaixadas, numa noite feita de ausência e de interrogação; um aposento sem móveis, a não ser um leve esboço de graciosas mísulas e uma moldura, ornamentada e decadente, do espelho que se encontra no fundo, com o reflexo, estelar e enigmático, da Ursa Maior, que serve para ligar ao céu esse quarto esquecido pelo mundo.

Essa paráfrase, que é, também, um trecho de prosa encantador, refere-se à única poesia a respeito da qual o próprio Mallarmé declarou que não sabia se tinha sentido e que, no entanto, caso não o tivesse, ele "se consolaria [...] com o conteúdo poético que ela encerra": demonstração definitiva de que a paráfrase adequada não é apenas aquela que corresponde ao imprevidente propósito de traduzir a poesia para o seu suposto significado;

ela é, na verdade, *um gênero literário em si*. Nesse caso, particularmente preciosa, já que revela qual é o tema implícito do soneto: o "aposento sem ninguém dentro". Já se notou que, a partir da transformação de 1866, a poesia de Mallarmé abandona o mundo exterior e se fecha num recinto. Mas qual é esse ambiente que coincide com o próprio espaço da poesia? Talvez seja aquele quarto "sem ninguém dentro", habitado apenas por um espelho... E quem foi que acabou de sair daí? E há quanto tempo: alguns segundos ou vários séculos?

Há um sentimento muito forte e muito antigo que raramente é identificado e mencionado: a angústia decorrente da ausência de ídolos. Se o olhar não tem uma imagem sobre a qual repousar, se lhe falta uma mediação entre o fantasma mental e aquilo que tem existência concreta, um desânimo sutil nos invade. É essa a atmosfera dominante do primeiro sonho de que temos notícia, e que foi registrado por uma mulher, Adduduri, funcionária do palácio de Mari, na Mesopotâmia, numa carta cunhada em tabuinhas de argila, há mais de 3 mil anos: "No meu sonho, eu entrara no templo da deusa Bêlit-ekallim mas a estátua de Bêlit-ekallim não se encontrava lá! E nem as estátuas das outras divindades que, normalmente, a circundam. Diante de tal espetáculo, pus-me a chorar por longo tempo". O primeiro de todos os sonhos trata de um templo vazio, como o aposento de Mallarmé. Talvez as estátuas tivessem sofrido uma deportação, como acontecia, às vezes, naqueles tempos, com certas populações. A ausência vem antes da presença: esse é o regime que governa a existência das imagens. E isso permite compreender por que a literatura, rapidamente, reencontrou e restaurou os ídolos fugitivos: ela é a guardiã de todos os lugares freqüentados por fantasmas.

E o espelho, por sua vez, não será habitado também? Observemo-lo: nas molduras, o alvoroço dos deuses, ninfas e animais prodigiosos, na sua luta pela supremacia, na qual as perseguições, os conflitos e as vitórias estão sempre a recomeçar, perenemente. No centro — na superfície do espelho — um vasto, profundo vazio, onde vibram sete pontos luminosos, como se fossem sete pupilas: são o reflexo da Ursa Maior e, portanto, dos Saptarsi, as entidades que velam sobre o cosmo e são a sua consciência sempre desperta. Ainda uma vez, Mallarmé recuou para algo anterior aos deuses, já que os Saptarsi são também as auras que, ao se unirem, compõem o Prajapati. O que sucede no tênue clarão dourado da moldura do espelho — as rixas divinas —, assim como o que ocorre na obscuridade das noites do lado de fora das janelas — e o mundo é também uma moldura —, constitui um espetáculo para o seu olhar. Que é consciência pura, isolada de tudo. Mallarmé tinha a intenção de aludir aos Saptarsi? O seu interesse pelos textos indianos não teria surgido bem mais tarde? Talvez nunca cheguemos a resolver tal problema com segurança. Mas por que esse ponto é tão importante? Porque os Saptarsi *pertencem* à Ursa Maior: basta reencontrá-los lá. Onde ela está, lá estão eles. E o que dizer do espelho onde afloram? É forte a suspeita de que seja o espelho veneziano onde, segundo o seu próprio testemunho, Mallarmé se eclipsara, ao explorar pela primeira vez as regiões tenebrosas da literatura. Assim (contou ele ao amigo Cazalis), "um dia, voltou a ver-se, novamente, no [seu] espelho de Veneza, no mesmo espelho no interior do qual ele havia desaparecido alguns meses antes". Mas aquele estado de *ausência do espelho* iria constituir um dos pressupostos de toda a sua poesia. O soneto registra a duradoura ausência do poeta. E, quando o lemos, repercutem em nós, numa transparência inesperada, aquelas palavras que, antes, haviam soado obscuras: "uma disposição que tem o Universo Espiritual de ver-se e desenvolver-se, por meio daquele que eu fui". Não teria sido *isso* o que se depositou, como água sobre a água, no soneto? O que permanece é o mundo (a noite que se percebe do lado externo), um aposento vazio (uma espécie de invólucro oco do autor desaparecido) e o reflexo de sete astros num espelho, *de scintillations le septuor*: assim se manifesta a mente — nem mesmo a sua vigília tem condições de ser perceptível com mais nitidez.

6. Mallarmé em Oxford

No dia 1º de março de 1894, numa sala da Taylorian Institution, em Oxford, diante de um público de umas sessenta pessoas, que ele descreveu como salpicado de professores mas, na maior parte, constituído por senhoras que "buscavam uma ocasião para ouvir falar francês", Mallarmé fez a conferência conhecida sob o título de "La musique et les lettres" [A música e as letras]. Convidado a fornecer "informações sobre algumas circunstâncias da nossa situação literária", tomou ao pé da letra a sua incumbência de cronista e começou com um anúncio que imitava um título de jornal:

De fato, trago notícias. As mais extraordinárias. Jamais se viu um caso assim. *On a touché au vers* [Tocou-se no verso].

Admirável ironia daquele *on*, como nas notícias dos atentados, onde a incerteza sobre o sujeito aumenta o terror. E, depois, aquele *touché*, verbo tão físico! Que pressupõe, no que diz respeito ao verso, um precedente estado de intocabilidade. Ao passo que, agora, parecia anunciar-se a entrada numa condição promíscua. E Mallarmé continuava, depois, a parodiar a primeira página de um jornal, mas desta vez pela coluna do editorial: "Os governos mudam; a prosódia permanece sempre intacta: talvez, nas revoluções, ela passe despercebida ou, então, a opinião pública não acredite que ela — sendo considerada um dogma — possa variar". Depois, desculpava-se pela dicção ingrata e ofegante, como a de quem viu um acidente e treme ao relatá-lo, com angústia proporcional à gravidade do fato: "porque o verso é tudo, se formos escritores". Mallarmé não diz: "se formos poetas". Diz: "se formos escritores". Pressuposto: a prosa não passa de "um verso quebrado, que joga com os seus timbres e também com rimas dissimuladas". Seguem-se algumas linhas de caráter técnico, com um clarão final: "porque toda alma é um nó rítmico".

Observemos esta seqüência de puro teatro mental, que é, de resto, a disciplina de eleição de Mallarmé: chamado para falar sobre um tema quase de escola noturna (*French poetry*) e precedido — graças aos poucos que já tinham ouvido falar dele — de uma fama de poeta não muito acessível, Mallarmé inicia com uma fórmula que poderia ter sido a manchete de um jornal vespertino; segue apresentando — aliás sugerindo —, poucas linhas depois, uma das suas teses mais audaciosas: a de que a prosa não existe, de que tudo é verso, mais ou menos reconhecível; e culmina, finalmente, num daqueles achados fulgurantes dos quais possuía o segredo: a alma como "nó rítmico". Quem não consegue colher a "flor" de Mallarmé — no sentido que a palavra tinha para Zeami, o fundador do teatro Nô —, na sucessão destas três cenas, dificilmente vai colhê-la num soneto seu.

Mas tentemos reconstruir os eventos que Mallarmé tinha urgência de noticiar. Na origem, encontramos a morte de Victor Hugo, em 1885. Fora uma brusca viragem na história secreta da literatura. Mallarmé iria descrevê-la assim, em *Crise de vers* [Crise de verso]:

Hugo, na sua tarefa misteriosa, reduziu toda a prosa, a filosofia, a eloqüência e a história ao verso e, já que ele encarnava o verso, quase confiscou, daqueles que pensam, discutem e narram, o direito de se expressar. Monumento no deserto, cercado pelo longíquo silêncio; numa cripta, a divindade de uma majestosa idéia adormecida: a de que a forma chamada verso é, simplesmente, a própria literatura; a de que o verso não é, apenas, uma questão de entonação, mas, pelo contrário, corresponde a um estilo, determinado pelo ritmo. O verso, creio eu, esperou respeitosamente que o gigante que o moldara com a sua mão de ferreiro, tenaz e firme, viesse a faltar: para romper-se. Toda a língua, afinada com a métrica, de que recupera as escansões vitais, se evade, a partir de uma livre disjunção de milhares de elementos simples.

Se a história da literatura soubesse explicitar o que ocorre na literatura, estaria falando assim. Em poucas linhas, Mallarmé havia sintetizado o movimento, primeiro centrípeto e, depois, centrífugo, que governa a língua francesa até ele — e, dele, aos dias de hoje. Centrípeto: Hugo confisca todas as formas na sua brumosa oficina. Deixa, assim, subentendido que o verso engloba, em si, toda a literatura. Centrífugo: com a morte dele, a literatura aproveita a ocasião para evadir-se do círculo mágico do metro, não mais protegido pelo potente Ciclope, e se dispersa "numa livre disjunção de milhares de elementos simples". Primeiro sintoma dessa fase: alguns jovens poetas começam a reivindicar, às vezes com ingênua ousadia, a prática do *vers livre* [verso livre]. Mallarmé sabe como ninguém que o verso livre não é uma grande descoberta. Sabe também que falar de liberdade em literatura é uma impropriedade — e sugere (genialmente) chamar aquele novo verso de "polimorfo". Mas não desencoraja os jovens. Porque vê neles os primeiros agentes da salutar agitação consecutiva à "fragmentação dos grandes ritmos literários".

Ora, quase de improviso, os metros, e até o alexandrino, que de todos eles é a "jóia suprema", debandam como se fossem produtos saídos de um "velho molde exausto", enquanto Laforgue já está sugerindo a opção pelo "seguro encanto do verso falso". Ora, as "dissonâncias cultas" são atraentes para uma sensibilidade mais delicada, ao passo que, antes, teriam sido simplesmente condenadas com uma fúria pedante. E algo similar estava ocorrendo na música, onde o cromatismo exacerbado feria e esvaziava as tonalidades a partir do seu interior, até que os vienenses acabassem por repudiá-las.

Mas esses eventos foram avaliados a partir de uma outra notícia traumática, que Mallarmé se julgou, também, no dever de reproduzir. Com supremo desdém, escolheu, desta vez, uma pesquisa jornalística conduzida por conta do "Écho de Paris", e sob a orientação do providencial Jules Huret. Ao qual se teria dirigido assim:

> O verso está onde quer que haja ritmo no discurso, salvo nos manifestos e nos anúncios publicitários. No gênero chamado prosa, há versos, às vezes admiráveis, de todos os ritmos. Mas, na verdade, o que não existe é a prosa: há o alfabeto e, depois, versos mais ou menos densos ou mais ou menos ralos. Toda vez que há um esforço no sentido de se chegar a um estilo, há versificação.

Declaração suficiente para alterar o sentido de todos os termos, com uma audácia incomparavelmente maior do que a dos *vers-libristes* [adeptos do verso livre]. Bastam aquelas três frases para fazer que o verso assuma um aspecto que, antes daquele momento, teria parecido absurdo: não mais o verso canônico da métrica nem o informe verso livre, mas sim um ser penetrante e ubíquo, a nervura oculta de qualquer composição com palavras. Se o verso respeitoso da prosódia sofreu um atentado que lesou, para sempre, a sua integridade, se a prosa "não existe" mesmo, que nos sobra então? A literatura, mas num novo avatar: cintilante por toda parte, como uma poeira que envolve tudo, submetida a uma "dispersão em emoções articuladas, próximas da instrumentação".

Uma passagem tão radical dificilmente poderia ser atribuída a poetas imaturos, que estivessem experimentando novos tons. Eles eram, apenas, o sintoma de uma agitação surda e grandiosa, a primeira manifestação do fato de que, de agora em diante, não mais seria possível uma correspondência imediata entre estilo e sociedade. Foi isso que Mallarmé quis acrescentar à sua entrevista, usando de uma linguagem simples e tersa: "Ficou faltando, especialmente, esta noção indiscutível: numa sociedade sem estabilidade, sem unidade, não é possível criar-se uma arte estável, uma arte definitiva". Daí "a inquietação das inteligências", daí "a inexplicável exigência de individualidade, cujo reflexo direto se encontra nas manifestações literárias atuais". Sociólogo notável — quando se dava a esse trabalho —, Mallarmé estava bem mais interessado numa outra ordem de eventos que já começava a se delinear: como a comunidade se sentia incapaz de criar um estilo único, ela teria permitido que o estilo encontrasse um caminho — esperado, talvez, há séculos — para emancipar-se, escapando *para fora* da sociedade, que o vinha utilizando, até então, para os próprios fins. Enquanto isso, abria-se, agora, um novo mundo, uma região desconhecida: a terra dos "laços rítmicos", o lugar das formas livres de qualquer coação e repousando sobre si mesmas.

O que Mallarmé disse a Huret a respeito da prosa apresenta-se como afirmação irrefutável e, dessa forma, convincente de imediato. Tentarei aproximar-me do tema por meio de um exemplo. Baudelaire incluiu, no *Spleen de Paris*, três trechos que têm o mesmo título e o mesmo tema de três poemas das *Flores do mal*. Entre eles, o célebre "Convite à viagem". A lírica é perfeita, precisa como um Vermeer, e, em cada uma de suas sílabas, existe aquela "dose secreta e sempre renovada de ópio natural", que "todo homem carrega consigo" — e que, em Baudelaire, era singularmente generosa. O *poema em prosa*, que lhe é posterior, retoma a lírica ponto por ponto mas soa bem menos eficaz e, às vezes, até forçado, pelo menos para quem conhece os versos. O porquê de tudo isso não é muito evidente. Confrontando os dois textos, observa-se que muitas das imagens e das *tournures* aparecem em ambos. Mas o texto em prosa tem um vício: é, ao mesmo tempo, lírico e circunstanciado. Os versos, ao contrário, são sóbrios e lacônicos. Não seria possível, em várias passagens, obter uma versão *mais simples*. Consideremos, por exemplo, a descrição dos móveis que deveriam decorar o lugar de felicidade evocado. Na poesia, ele diz: Móveis lisos, ou/ Que o tempo lustrou,/ Decorariam o ambiente.* Na prosa, se lê:

> Os móveis são vastos, curiosos, estranhos, armados de fechaduras e segredos como almas requintadas. Os espelhos, os metais, os estofos, os ouros e as faianças executam para os olhos uma sinfonia muda e misteriosa; e de todas as coisas, de todos os recantos, das frestas das gavetas e das pregas dos estofos exala-se um perfume singular, uma saudade de Sumatra, que é como que a alma do apartamento.**

Aqui, Baudelaire, ao descrever, dilui. E não se sabe o que mais desagrada: se o paralelo dos móveis com as "almas requintadas", só porque são "armados de fechaduras"; ou, pior ainda talvez, a imagem dos vários objetos que "executam para os olhos

---

* Tradução de Guilherme de Almeida, *Poetas de França*. Companhia Editora Nacional, São Paulo, 1965, p. 81. (N. T.)
** Tradução de Aurélio Buarque de Holanda Ferreira in *Charles Baudelaire, Poesia e prosa*. Nova Aguilar, Rio de Janeiro, 2002, p. 297. (N. T.)

uma sinfonia muda e misteriosa"; ou, finalmente, a obstinação com a qual se observa que certo perfume exótico seria "a alma do apartamento" (e esta palavra, "apartamento", na sua impiedosa *facies* predial, dá o último golpe no encanto do texto). Há, também, outras indelicadezas variadas, que diferenciam um texto do outro, o em prosa e o em verso: a mulher que se convida para a viagem é evocada, na poesia, já na primeira frase, com um verso definitivo: "Minha filha e irmã", ao que nada se poderia acrescentar. No texto em prosa, ao contrário, a mulher é definida, de início, como *une vieille amie*, fórmula que já soa como uma tolice e que, mais adiante, se transforma, ao passar por uma espécie de reforço de banalização, em *mon cher ange*, depois em *la femme aimée* e, finalmente, em *la soeur d'élection*, sendo essa "eleição" mais uma das especificações desnecessárias. Mas o uso do adjetivo *profond* é também revelador: no texto em prosa, ele aparece duas vezes (três, se nós acrescentarmos a menção a *profondeurs du ciel*). Isso é um exagero e, ainda por cima, ocorre a uma distância de apenas três linhas: a primeira vez em relação ao som dos relógios, e a segunda, a certas pinturas que deveriam ornamentar os aposentos dos ausentes: "Felizes, calmas e profundas como as almas dos artistas que as criaram". No texto em verso, ao contrário, fala-se, apenas, de *miroirs profonds*, nos mesmos aposentos. E fica evidente, de imediato, que são muito mais eficazes, mais intensas e mais misteriosas as duas palavras da lírica em comparação com o embaraçoso acúmulo de adjetivos na prosa, agravado por uma ulterior aparição da palavra *âme*, desta vez no plural.

Seria possível continuar com outros paralelos, mas isso basta para mostrar que a diferença é brutal. Eu não gostaria, no entanto, que ficasse a impressão de que se trata apenas de um embate entre prolixidade e concisão, entre poeticidade — inimiga de toda literatura — e sobriedade. E, muito menos, que se acreditasse numa superioridade intrínseca do verso sobre a prosa: de fato, seria possível até dar um exemplo oposto, o de uma poesia redundante que não tem condições de ser comparada à enxuta concisão de um resumo em prosa. Ao contrário, dei esse exemplo porque vejo nele uma relação com a teoria mallarmeana da inexistência da prosa. Se os versos da *Invitation* são incomparavelmente mais belos do que a versão em prosa, é, antes de tudo, porque neles age, soberanamente, a força do metro, ou seja: porque os versos são refreados por uma suave tenaz, feita de métrica e de rima: duas redondilhas menores, com rima masculina, seguidas de uma redondilha maior, com rima feminina, nos quais à angulosidade (como as dos vértices de um triângulo) das rimas masculinas corresponde, seguidamente, a leve depressão da rima feminina. E essa *berceuse*, um tanto ondulante — como certos barcos de *humeur vagabonde* dos canais de Amsterdã, o entreposto europeu das especiarias orientais —, esse movimento discretamente mencionado mas nem por isso menos perceptível — já que dispõe de uma espécie de "nitidez flamenga" — faz que as palavras se tornem suas prisioneiras e não possam expandir-se para além de algumas poucas sílabas, evitando, assim, entrar nas explicações que matam, naquilo que Verlaine chamou de *la Pointe assassine*.

Mas o que ocorre, por outro lado, na versão em prosa? Atua, nela, de fato, uma métrica oculta e sem nome, de acordo com a tese de Mallarmé? Isso não estaria em oposição aos propósitos do próprio Baudelaire, que, na dedicatória a Houssaye que precede o *Spleen de Paris*, apresentara a obra como um exemplo de "prosa poética, musical, sem ritmo e sem rima"? "Sem ritmo": à primeira vista, essa parece ser uma tese totalmente oposta à de Mallarmé. Como se a prosa quisesse conquistar os territórios da poesia sem submeter-se aos rigores da métrica. Mas nós sabemos que os discursos acerca da poética são, com freqüência, armadilhas amorosamente colocadas pelos escritores para pegar os seus leitores. Foi então que a lupa de Gianfranco Contini conseguiu, um dia, isolar, já no primeiro parágrafo daquela estupenda carta programática de Baudelaire, uma textura feita de hemistíquios de alexandrinos, que culmina, na última frase, com um alexandrino puro: *J'ose vous dédier le serpent tout entier* [Ouso dedicar-vos a serpente por inteiro]. E não só isso. Ao ampliar a pesquisa para os *poèmes en prose* propriamente ditos, Contini identificou neles numerosos outros hemistíquios de alexandrinos, entre os quais havia, também, "um alexandrino completo, um dos mais extraordinários que Baudelaire jamais escreveu: *au loin je ne sais quoi avec ses yeux de marbre* [não sei bem o quê, ao longe, com seus olhos marmóreos]. Ou um alexandrino levemente irregular como: "*Que les fins de journées d'automne sont pénétrantes* [Como os fins das tardes de outono são penetrantes]. E as provas convergem para uma conclusão: todo o *Spleen de Paris* está "cheio de alexandrinos internos". Mas o que sucede quando, como no caso da *Invitation au voyage*, preexiste (em relação à prosa) um modelo em versos "que não tem nenhuma relação com o alexandrino"? Já vimos as suas conseqüências semânticas, com aquelas amplificações que dissolvem a fórmula mágica do verso numa onda lenta, de encanto menos intenso mas, de qualquer forma, sempre elevado. Ora, o ouvido de Contini conseguiu individuar, também, o *numerus* daquela onda: "Toda essa pompa presta-se a uma única interpretação, a qual, sinteticamente, pode ser enunciada como a transformação da *Invitation* num equivalente da poesia em alexandrinos". Como se Baudelaire tivesse obedecido, aí, mais uma vez, à obscura compulsão que o levava a *dizer tudo* em alexandrinos. Só naquele metro era possível escandir-se, segundo ele, a *língua adâmica*. Nas duas versões da *Invitation*, o duelo não é, portanto, entre o metro e a prosa "sem ritmo", como Baudelaire pretendia. Mas sim entre dois metros. E, desta vez, o alexandrino sucumbe à *berceuse*. Evento deveras singular, já que, de acordo com a formulação de Contini, "apesar de tudo, Baudelaire fala, por assim dizer, naturalmente em alexandrinos ou em fragmentos deles, até mesmo nas passagens em que os abranda e os encurta". Os alexandrinos internos do *Spleen de Paris* vêm, então, confirmar (como uma demonstração invertida) as teses de Mallarmé.

Mas, para ele, tratava-se apenas de afirmar uma espécie de onipresença da métrica na prosa? Ou o que o premia era algo de mais sutil e mais grave? Voltemos, então, às enunciações reportadas por Huret, nos seus traços mais surpreendentes: "[...] em verdade, a prosa não existe: há o alfabeto e, depois, versos mais ou menos densos, mais ou menos ralos". Difícil captar logo as conseqüências dessas frases, tão grandes são elas. Assim como ocorre com o ópio, de acordo com Baudelaire, essas são palavras que têm o poder de "ampliar o ilimitado". A paisagem que se escancara agora tem dois extremos: de um lado, o alfabeto, do outro, um ritmo. E ritmo significa: metro. Num primeiro momento, é possível dizer que a linguagem, até então invasora e dominante em cena, se dissolveu. Depois a reencontramos como um material puro que se elabora e que, continuamente, se transfere de um extremo para o outro. As relações mudaram: agora, não é mais o metro que subsiste em função da linguagem, mas o inverso: a linguagem se organiza em função do metro. Apenas o metro faz que haja estilo. E apenas o estilo faz que haja literatura. Conseqüentemente, a diferença entre poesia e prosa é inconsistente. Trata-se apenas de uma seqüência de graus diversos, no interior do mesmo contínuo. As escansões rítmicas podem ser mais ou menos evidentes e reconhecíveis. No entanto, elas são aquele poder que rege a palavra, como se a qualidade literária resultasse, antes de tudo, da tensão entre esse elemento não verbal, gestual, premente, e a articulação da própria palavra. Mais ainda: se "a prosa não existe", pode-se dizer que não existe poesia também. O que sobra então? A literatura. Mallarmé já o havia dito com extrema clareza: "a forma chamada verso é, simplesmente, a própria literatura". Mas havia dito, também, que, até a morte de Hugo, essa verdade estivera oculta como uma divindade na sua cripta. Atuante, mas como "uma majestosa idéia inconsciente", uma espécie de sonho clandestino da literatura a respeito de si mesma. Agora, aquele sonho chegava à luz. E nisso pensava Mallarmé quando escreveu que o final do seu século vinha acompanhado de alguma "agitação do véu no templo, com dobras significativas e até lacerações". Palavras que ressoaram na mente de Yeats quando intitulou "tremor do véu" a primeira parte das *Autobiographies*. E, sobretudo, quando, na noite da estréia de *Ubu Roi*, disse a alguns amigos: "Depois de Stéphane Mallarmé, depois de Paul Verlaine, depois de Gustave Moreau, depois de Puvis de Chavannes, depois dos nossos próprios versos, depois de toda essa cor sutil e desse ritmo nervoso, depois dos pálidos tons mesclados de Charles Conder, o que mais é possível? Depois de nós, só o Deus Selvagem!".

Passado um século — mesmo que o nome de Puvis de Chavannes (ao qual relutamos em atribuir algum poder sedicioso) nos surpreenda um pouco —, só podemos reconhecer nessas palavras o tom candente dos novos tempos. Sobretudo se pensarmos que Mallarmé figurava, aí, como uma espécie de precursor.

Parece, neste ponto, bastante evidente que, por trás das reivindicações do *vers libre*, Mallarmé havia percebido um evento de alcance diverso, que se manifestava "pela primeira vez no curso da história literária de qualquer povo": a possibilidade, aberta a todos, de, "com um modo particular de soar e um ouvido individual, criarem um instrumento para si próprios, tendo em vista que a maneira adequada de abordá-lo e de tocá-lo com ciência já era conhecida". Em outros termos, *a evasão do cânone da retórica*, que não chega a ser renegada mas perde o seu caráter obrigatório, vendo-se impossibilitada, a partir de agora, de pretender ser a voz da comunidade. Mais ainda, a retórica inteira vai ter a mesma sorte do alexandrino: ser exposto, como "cadência nacional", nos dias de festa e só em algumas poucas celebrações. Mas, para Mallarmé, sair da cidadela da retórica não significava mergulhar num informe *maelström*. Ao contrário, o que ressoava em seus ouvidos era uma literatura onde se exaltaria, ainda mais, o poder da forma, agora desancorada de tudo e severamente cifrada; uma forma que, talvez, e exatamente por isso, está mais próxima do nosso interior, já que "deve haver algo de oculto no fundo de todos nós". Aquela inaudita literatura entreabria-se como uma vasta superfície combinatória, composta de letras e salpicada de metros — íntegros, quebrados, evidentes, simulados. Justamente no momento em que a métrica estava perdendo o valor de expressão de uma comunidade, os metros individuais, os *andamentos* fisiológicos individuais começavam a se transformar no *numerus* oculto, no ritmo animador de toda a literatura, encaminhada, agora, para uma fase preponderantemente "polimorfa". Mas nada era mais oposto a Mallarmé do que a atitude arrogante das vanguardas. A situação, com certeza, compelia a essa "liberdade adquirida, ampla e nova". Ao que, porém, acrescentava (e aqui o timbre de Mallarmé tornava-se pacato e seguro): "Não vejo a possibilidade de supressão de nada que tenha sido belo no passado, e essa é uma opinião minha que continua firme". O que mudava, radicalmente, era a posição estratégica da palavra "literatura". Por um lado, ficou supérflua e inoperante, em virtude da expansão da "reportagem universal", que começou a sufocá-la. Mas, ao mesmo tempo, foi lançada num novo céu e numa nova terra. Essa era a notícia mais imperceptível e a mais arrasadora. Mallarmé a colocou no centro da sua conferência de Oxford. E abordou-a com toda a cautela, avisando, cuidadosamente, que se tratava de um "exagero": "Sim, a Literatura existe e, se quiserem, sozinha, excetuando-se tudo".

Muito mais do que qualquer polêmica a respeito de versificação, essa era uma declaração que poderia deixar os ouvintes atônitos. Com a sua maneira "um pouco de sacerdote, um pouco de bailarina", com a sua dicção infinitamente delicada e assustadora, Mallarmé notificava que a literatura, tendo saído pela porta da sociedade, entrava, de novo, por uma janela cósmica, após ter absorvido, em si, nada menos do que tudo. Aquelas palavras serviam de conclusão para uma longa e sinuosa história. E celebravam a cristalização de uma *fiction* temerária, da qual se iria nutrir todo o século que estava por nascer. E da qual continuamos a nutrir-nos nós mesmos: a literatura absoluta.

7. "A métrica é o gado dos deuses"

"Os metros são o gado dos deuses", podemos ler no *Satapatha Brahmana*. Esse era o pressuposto, difícil de entender hoje. Quando pensamos nos metros, o tênue perfil de um ritmo nos aparece, e não muito mais. Mas não era assim antes, ao menos para os videntes védicos, para os *risi* que compuseram o *Rigveda*. Se quisermos saber o que são os metros, pensaram eles, é preciso remontar aos deuses e ultrapassar os deuses, chegando até Prajapati, o Progenitor, aquele ser indefinido e sem nome — a não ser um nome que era um pronome interrogativo: *Ka*, Quem? —, aquele ser ilimitado do qual os próprios deuses surgiram. Já o Pai nascera junto com o "mal", *papman*, aquele mal que é a "morte", *mrtyu*: "Enquanto Prajapati estava criando, a Morte, aquele mal, o dominou". Assim, os deuses nasceram mortais, habitados pelo medo da morte.

Prajapati fabricou o fogo, que era cortante como uma navalha; os deuses, aterrorizados, não se aproximavam; depois, envolvendo-se nos metros, se achegaram, e é daí que os metros tiram o seu nome. Os metros são poder sagrado; a pele do antílope negro é a forma do poder sagrado; ele usa calçados de pele de antílope; envolvendo-se nos metros, ele se acerca do fogo, para não se ferir.

Os "metros", *chandas*, são as vestes nas quais os deuses "se envolveram", *acchadayan*, para se aproximar do fogo e não ser desfigurados como por uma lâmina de navalha. Assim, os deuses tentaram escapar da morte. Assim, os homens — os quais pensam sempre: "devo fazer o que os deuses fizeram" — os imitaram. Quando a *Taittiriya Samhita* diz: "Envolvendo-se nos metros, ele se aproxima do fogo, para não se ferir", refere-se a qualquer oficiante, a qualquer homem. Vista da perspectiva atual e, portanto, de seres desacostumados dos ritos e do fogo, aquela frase evoca, irresistivelmente, aquilo que faz — consciente ou não — todo poeta, todo escritor. E, ao menos de um poeta, eu posso afirmar que isso era, literalmente, verdadeiro: Joseph Brodski. Quando Brodski falava de metro, e do perigo iminente de que se perdesse a noção do que ele é, a sua voz ficava tensa como se falasse de um perigo mortal, com a exatidão e a sobriedade (mas também o *pathos*) que tal situação exige.

Mas por que se deveria atribuir aos metros essa importância suprema, tão grande que até os deuses tiveram necessidade deles para se proteger? Tudo o que existe é penetrado por duas potências invisíveis — "mente", *manas*, e "palavra", *vac* —, dupla de gêmeos que têm a característica de ser, simultaneamente, "iguais", *samana*, e "distintos", *nana*. A obra ritual — qualquer *obra*, portanto — consiste, antes de tudo, em impedir que essa característica se anule na pura indistinção. Por isso, à "mente" e à "palavra" serão atribuídos utensílios rituais levemente diferentes: para a primeira, deve-se usar uma simples colher de pau; para a outra, uma colher de madeira com ponta recurvada. E devem ser oferecidas duas libações diferentes, que "correspondem à mente e à palavra: assim, ele separa mente e palavra uma da outra; e, assim, mente e palavra, embora sendo iguais, *samana*, são, no entanto, distintas, *nana*". Num aspecto, porém, mente e palavra divergem drasticamente: na extensão. "A mente é muito mais ilimitada, e a palavra é muito mais limitada." Essas duas entidades pertencem a dois níveis diferentes de existência, mas, para agir com eficácia, devem unir-se, *jungir-se*. Sozinhas, mente e palavra são impotentes — ou, pelo menos, insuficientes para transportar a oferta para junto dos deuses. O cavalo da mente deve ser arreado com a palavra, com os metros: caso contrário, vai se perder.

Como podem ser jungidas duas entidades tão díspares?

Quando um dos parceiros de jugo é menor, dão-lhe uma tábua de apoio a mais [...] Por isso, ele dá uma tábua de apoio à palavra, e, agora, como uma dupla bem emparelhada, as duas — a mente e a palavra — transportam o sacrifício até os deuses.

Essa tábua de apoio é uma atitude metafísica sutil — e é graças a ela que a oferenda consegue alcançar os deuses. Recordar a sua origem ajudará a compreender por que a palavra não é jamais inteira, mas está sempre fendida ou, então, é composta de elementos diversos, vendo-se, assim, ameaçada pela inconsistência — ou pela insuficiência de seu peso.

Mas e o metro? O metro é o *jugo* da palavra. Assim como a "mente", *manas*, só pode vir a dissolver-se, nos seus volúveis movimentos de símio, saltando de galho em galho, caso não seja jungida (e toda disciplina da mente, toda *yoga*, é, antes de tudo, um "jugo"), assim a "palavra", *vac* (a onipresente, a invasora, aquela que "sopra como o vento, invadindo todos os mundos"), concorda em rodear-se de metros, em adornar-se com eles (como se fossem vestes matizadas), e em envolver-se numa escansão preordenada de sílabas. Só assim poderá alcançar o céu, como um ser feminino coberto com as plumas de um pássaro. E, também, voltar à terra. Tanta agilidade, tanta familiaridade com os diversos mundos levantam uma suspeita: talvez os metros *sejam* os próprios deuses e não apenas os condutores que nos permitem chegar a eles. Assim, não será surpresa encontrar estas palavras: "Ora, os deuses que governam a vida são os metros porque é graças aos metros que tudo o que vive se sustenta neste mundo". Em relação aos 33 Devas, os metros agem de modo duplo, como inferiores e como superiores: humildes e úteis como os animais de tração que, "quando são jungidos, transportam cargas para os homens, da mesma forma que os metros, quando se vêem atrelados, transportam o sacrifício para junto dos deuses". Mas, ao mesmo tempo, só os metros podem aproximar-se do fogo sem ser molestados. E, acima de tudo: somente para com os metros os deuses sentem gratidão, e isso por terem conseguido tornar-se imortais. Houve um tempo em que erravam pela terra — e apontavam para o céu. Sabiam que era lá que residia a imortalidade. Mas não sabiam como alcançá-la. Então Gayatri, o ser feminino que é o mais breve e o mais eficaz dos metros, transformou-se em *syena*, falcão ou águia. Sob aquela forma, conseguiu arrebatar ao céu a substância imortal: o *soma*. Mas essa não fora a primeira tentativa. Antes dela, dois outros metros haviam tentado e fracassado: Jagati, perdendo três sílabas; e, a seguir, Tristubh, que perdera uma. Quando Gayatri reapareceu, com o *soma* no bico, o seu corpo estava formado por suas quatros sílabas mais as sílabas perdidas das irmãs. E a flecha de um misterioso arqueiro, guardião celeste, havia eriçado a sua plumagem e cortado uma lasca do *soma*. A perda e a ferida tinham se aninhado, assim, no interior do metro que deveria curá-las. A partir daí, Gayatri, Tristubh e Jagati seguiram sempre o rei Soma. Um rei não pode apresentar-se sozinho. Quem forma, então, o seu cortejo? Os metros. "Assim como os dignitários, os arautos e os capitães estão sempre em torno do rei, assim os metros se movem como criados, junto com ele." Como os assistentes de K., no *Castelo* de Kafka, os metros vão aonde o Soma vai. O Soma chega num carro que carrega os ramos de uma planta que "se encontra na montanha". Mas aquele que sabe vê, também, junto do carro, a cintilação dos metros, semelhantes aos raios em torno do sol.

Há, porém, uma armadilha na vida dos metros. As cerimônias esfalfam. Os homens, que chegam sempre por último, encontraram os metros já cansados, exauridos pelo uso que os deuses fizeram deles:

> A força dos metros foi esgotada pelos deuses porque foi por meio dos metros que os deuses atingiram o céu. E o canto é embriaguez, *mada*: e essa embriaguez, que está na *ric* e que está no *saman*, é a linfa, aquela linfa que ele agora introduz nos metros, restabelecendo, assim, a sua força; e, com eles, agora revigorados, celebram o sacrifício.

Se desejamos saber por que é necessária a inspiração, aqui, finalmente, está explicado. Aquela "embriaguez", que nós chamamos de "inspiração", é o único artifício ao qual se pode recorrer para reavivar os metros debilitados pelo uso temerário que deles fizeram não só os homens mas, também, os próprios deuses. Sem aquela "embriaguez", os metros permaneceriam inertes, como plantas que esperam ser molhadas; seriam apenas a testemunha silenciosa daquele empreendimento que, graças ao poder de certo grupo de sílabas, havia tornado os deuses imortais.

Se os deuses chegaram ao céu por meio de uma forma, mais ainda os homens terão necessidade da forma para alcançar os deuses. E apenas os metros podem permitir aos homens tornarem-se seres mortais que, a despeito dessa condição, sabem usar as formas já utilizadas pelos deuses. Os metros são o nosso *témenos*, a forma dentro da qual surgem todas as formas. Assim como através de um nevoeiro luminoso (talvez o que Bloomfield chamava de *Vedic haze*, "caligem védica"?), tudo isso soa alusivo até para um leitor ocidental, ignorante dos rituais antigos da Índia. É como se neles se houvesse desenvolvido — e tivesse sido levado às últimas conseqüências — muito cedo aquilo que no Ocidente iria nutrir, mais ainda do que o rito, o ser extraterritorial e fugidio que chamamos de literatura. Agora, começamos a compreender por que, por exemplo, a literatura é tão freqüentemente ligada à imortalidade, num sentido bem mais radical do que o (bem modesto, na verdade) da memória que avança pelas gerações futuras.

Só agora fica evidente a razão pela qual a literatura, nas suas múltiplas metamorfoses, parece não renunciar jamais a um único elemento: a forma. E, no entanto, não a reivindica, nunca, de forma por demais explícita, nem se preocupa em estabelecer a sua superioridade. Perguntamos, então: qual é o mito da forma? E, por algum tempo, buscamo-lo em vão, ainda que convencidos de que, da forma, assim como de qualquer outra entidade essencial, não pode deixar de haver um mito. A Grécia só pôde oferecer-nos as musas, que não são propriamente figuras da forma, mas sim delicadas alusões ao poder do qual toda forma deriva: a possessão, aquele saber compartilhado, em Delfos, por Apolo e Dioniso, que supõe que a mente seja uma cavidade constantemente invadida por deuses e por vozes. As musas, que são, antes de tudo, ninfas *rangées* [bem-comportadas], fazem que as formas se apossem de nós e nos levem a falar segundo regras que podem ser mais ou menos ocultas, tal como ocorre na música, que, segundo Leibniz, é estruturada por uma matemática secreta. Mas, se as musas são as supremas fontes e guardiãs das formas, o que são formas? Outros seres femininos: aqueles metros que se transformaram em pássaros com corpos feitos de sílabas.

Foram os videntes védicos que, juntos, praticaram (e cantaram) os metros, e isso sem trégua. A eles remonta o culto da forma, na sua versão mais pura, mais abstrata, mais penetrante. E não se detiveram só nisso, mas chegaram a prefigurar todas as reivindicações de auto-suficiência — e quase de autismo — do texto poético. Já que a elaboração e o refinamento da palavra, a sua transformação em *samskrita*, "aperfeiçoada" — sânscrita, portanto —, são postos em paralelo, nos hinos do *Rigveda*, com todo tipo de atividade — do arreamento do cavalo e do carro à tecelagem, à unção, à limpeza, à ordenha, ao cozimento, à navegação —, e já que os videntes védicos "assimilam e confundem o que cotejam, uma vez que não crêem que a imagem seja uma noção objetivamente diversa daquilo que a produz", a prática dos hinos dá acesso a uma condição onde tudo o que se diz do objeto aplica-se também à palavra que o nomeia — ou, pelo menos, observa-se "um deslizamento incessante de um registro para o outro". A tal ponto que "é possível sustentar que o *Rigveda* inteiro não passa de uma alegoria". Mas de quê? De si mesmo. O soneto "em -*ix*", de Mallarmé, definido pelo autor como "alegórico de si mesmo", seria, então, uma espécie de faísca luminosa, reverberando no passado, até chocar-se com aquela coletânea de hinos considerada primordial e "não humana", *apauruseya*: o *Rigveda*.

Para apresentar reivindicações tão extremas e tão abrangentes, com relação ao texto dos hinos, os videntes védicos tinham de apoiar-se numa "base" sólida, *pratistha*. Numa base inabalável. Esse suporte era a sílaba. Mais do que de palavras, eles foram construtores de sílabas. As sílabas eram a sua *prima materia*. Ao prodígio pelo qual um fato qualquer (segundo Mallarmé) se transforma num harmônico "quase extinto" de si mesmo, a doutrina védica sobrepunha outro: aquela evanescente substância sonora das sílabas era celebrada como sendo "o indestrutível", "o que não flui", o *a-ksara*. De todas as coisas, pode-se espremer um suco, um "sabor", *rasa*, diz o *Jaiminiya Upanishad Brahmana*. Mas não da sílaba: porque a sílaba é já o próprio suco de tudo. Por isso subsiste — intacta, inexaurível. E é da sílaba que tudo flui. Aliás, é somente a sílaba que faz que tudo seja fluido, vivo. Diante da barreira do rochedo de Vala, o Angiras, imóvel, recitava sílabas. Foram as sílabas daquele canto que fenderam a rocha. Da rachadura, irromperam as Vacas ocultas, as Águas. E, desde então, continua. De outra forma, o mundo estaria rígido, paralisado. Esse é o pressuposto da métrica védica, que é silábica, e não quantitativa. Tudo se forma por meio da introdução de ritmos nessas moléculas sonoras. E uma alusão misteriosa nos diz que "o que para os homens é o número para os deuses é a sílaba". Mas o que é uma sílaba, uma *aksara*? Enquanto, nas línguas modernas, "sílaba" não tem outra conotação que não seja fonética, o termo sânscrito *aksara* pertence ao círculo restrito daquelas palavras — como *brahman* — nas quais um desvio incontrolável das acepções obscurece um hipotético significado inicial. Hipotético porque chegamos a nos perguntar se tal significado existe — um sentido que possa, assim, reivindicar a precedência. O caso mais evidente é *brahman*, cuja idéia básica corresponde a "fórmula ritual" ou "enigma", como sustentaram Louis Renou e Lilian Silburn. Mas já o dicionário de São Petersburgo registrava sete sentidos. No caso de *aksara*, a prioridade da entrada "sílaba" mostra-se com nitidez, como se depreende de todo o hino 164 da primeira *mandala* — ou círculo — do *Rigveda*. E, quanto a isso, concordam, também, os comentários de que dispomos.

Os antigos etimologistas entendiam *aksara* como o que *na ksarati*, "não flui", com o prefixo *a* privativo. E, pelo menos uma vez, os lingüistas modernos concordam com eles. Mayrhofer não fala diversamente. Acrescenta, apenas, um paralelo com o grego *phthéiro*, verbo do "corromper" e do "destruir", do qual deriva *áphthartos* (*unvergänglich*), "imperecível": o sentido de *aksara* que, a partir de um certo momento, torna-se dominante, se não mesmo exclusivo.

Sílaba é aquilo que fica ileso. Quando Gargi desafiou Yajñavalkya, no mais duro e tenso duelo intelectual de que há notícia — nem a Grécia dos filósofos e dos sofistas nos deixou um caso comparável —, o áspero e brusco vidente foi interrogado sobre o que constitui a trama das coisas, até porque Gargi era uma celebrada tecelã. Por onze vezes, Yajñavalkya explicou qual é a trama na qual tudo foi tecido: a água, os ventos, a atmosfera, os mundos das Gandharvas, os mundos do sol, os mundos da lua, os mundos das constelações, os mundos dos deuses, os mundos de Indra, os mundos de Prajapati, os mundos do *brahman*. Tendo chegado a esse ponto, desafiou, por sua vez, Gargi: "Não perguntes demais, fica atenta para que não estoure a tua cabeça!". Mas Gargi era teimosa — e quis ir além. Disse: "Ó Yajñavalkya, o que está acima do céu, o que está debaixo da terra, o que está entre o céu e esta terra, o que chamamos de passado, presente e futuro, em que trama foi tecido?". Yajñavalkya respondeu: "No éter, *akasa*". A Gargi, isso ainda não bastava: "E o éter, no que foi tecido?". E ele respondeu:

> Em verdade, ó Gargi, neste *aksara* (na sílaba, no imperecível), a respeito do qual os brâmanes dizem que não é espesso nem sutil, nem curto nem longo, nem chama nem líquido, nem colorido nem escuro, nem vento nem éter, nem também aderente, sem sabor, sem odor, sem olhos, sem orelhas, sem voz, sem mente, sem calor, sem sopro, sem boca, sem medida, sem interior, sem exterior. Ele não come e não é comido.

O momento em que Yajñavalkya pronunciou aquelas palavras foi um divisor de águas na história do *aksara*: a partir de então, aquele substantivo neutro, que significa "sílaba", iria aparecer, nos textos, como um adjetivo que indica "imperecível", apagando a sílaba. Mas, na origem, os dois significados coincidiam. Como é possível sabê-lo? Conta-o o *Rigveda*: "Quando nasceram as antigas Auroras, nasceu, então, a Grande Sílaba (*mahad aksaram*), no rastro da Vaca". "Pegada" é *pada*, palavra fundamental do léxico enigmático com o qual é trabalhado o *Rigveda*, e significa "pé", "pata" ou, ainda, "membro, articulação" de um verso, enfim "passada" ou "rasto". Quanto à Vaca, sempre pelo léxico enigmático, é Vac, Palavra, *Vox*. E "Vac é *gayatri* porque Vac canta (*gayati*) e protege (*trayate*) todo este universo". No momento em que jorra, a sílaba é metro, como diz um outro hino por enigmas:

> A Vaca selvagem mugiu enquanto moldava as águas fluentes; tornou-se de um *pada*, de dois *padas*, de oito *padas*, de nove *padas*, de mil sílabas no lugar supremo.// Dela fluem os mares, dela vivem as quatro regiões do mundo. Da sílaba que dela flui (*ksaraty aksaram*), vive todo este (universo).

"O não fluente que flui", *ksaraty aksaram*: para estas duas palavras converge o enigma, como se toda a fluidez da vida só fosse possível a partir de algo que não flui. A sílaba é o ponto de encontro da pura vibração e da forma, o metro.

A sílaba, o metro, a palavra: o círculo se expande. Mas não se fecha. Para fechar-se, é preciso que, à sílaba, corresponda a sua contrapartida: o fogo. A sílaba só é eficaz se for pronunciada diante do fogo e em contraponto com ele. Toda vez que se acende o fogo, no instante em que o sacrificante esfrega os dois pedaços de madeira, ouve-se, no fundo, um canto, o *saman* que revigora; enquanto isso, "o *hotr* se apronta para iniciar a recitação dos mantras apropriados e começa a fazê-lo no momento em que um fio de fumaça se eleva do pedaço de madeira que está embaixo. Quando o processo fracassa e o fumo desaparece, o mantra é também interrompido; para recomeçar, outra vez, quando a fumaça reaparece. Pode-se dizer que o mantra gera o fogo ou que o fogo gera o mantra". Apenas a geração recíproca — como entre Purusha e Viraj, que além de ser uma deusa é um metro — pode dar conta da relação entre os metros e o fogo. Gayatri é uma veste que envolve e protege das lâminas afiadas da chama. Mas Gayatri é também um "tição", *samidh*: "Quando é acesa, Gayatri acende os outros metros; e, uma vez acesos, os metros levam o sacrifício para junto dos deuses". De Agni Jatavedas, Fogo-Conhecedor-das-Criaturas, diz-se que cintila dentro da sílaba, naquele lugar, o mais arcano de todos, que é "a matriz da ordem, *rtasya yonim*".

Só uma intimidade, uma mistura, uma sobreposição tão extrema como a que se estabelece entre a sílaba e o fogo pode garantir a continuidade provisória do mundo. Esse é o enigma supremo por trás dos nomes cifrados: o "indestrutível" consiste num som, sustentado por um alento transitório, e numa labareda devoradora, pronta para se extinguir assim que lhe falte alimento. O indestrutível é aquilo que parece mais fugidio. O contínuo é confiado a um sopro que corre o risco, a todo momento, de exaurir-se, e a uma chama da qual mão desconhecida deve sempre cuidar. Mas é mesmo para isso que servem os ritos: para tecer o contínuo. De outra forma, a vida se fragmentaria numa série de elementos separados. É para isso, também, que servem os metros: para fornecer medidas contínuas de respiração. De outra forma, como se saberia quando retomar o fôlego? O *Satapatha Brahmana* observa: "se [o oficiante] retomasse a respiração no meio do verso, isso seria danoso para o sacrifício"; seria uma primeira derrota diante do descontínuo, que estaria sendo reintroduzido, como se fosse uma cunha, bem no meio do verso. Para evitá-lo, é preciso, pelo menos, recitar os versos em *gayatri*, que é o metro mais breve, um por um, mas sem retomar o fôlego. É assim que se formará uma célula de continuidade, minúscula e inatacável, na extensão denteada do descontínuo.

Os metros, que se alternam como estafetas, operam principalmente no tempo, fazem que ele não se interrompa:

> Antes de tudo, ele recita os versos de modo contínuo; assim, ele torna contínuos os dias e as noites do ano. E, dessa maneira, não deixa aberto nenhum caminho para o malévolo inimigo; ao contrário, deixaria aberta uma via de acesso, se recitasse os versos de modo descontínuo; assim sendo, recita-os de modo contínuo, ininterrupto.

Aflora, aqui, de modo mais imediato, a angústia primordial do oficiante védico: o medo de que o tempo se parta, de que o curso do dia, de repente, se interrompa, de que o mundo inteiro caia num estado de irremediável dispersão. Esse medo é até mais radical do que o medo da morte. Aliás, o medo da morte é uma variante secundária dele. Poderíamos mesmo dizer: uma variante moderna. Algo diferente a precede: um sentimento de precariedade tão forte, tão agudo, tão dilacerante que faz parecer como um dom improvável (e sempre prestes a ser revogado) o fluxo do tempo. Por isso, oferecer um sacrifício é coisa urgente, e ele pode ser definido como aquilo que o oficiante *entesa, estende*. Esse tecido de matéria indeterminada, esse texto originário que é o sacrifício, deve "estirar", *tan-*, para que se forme algo de conexo, sem rasgões, sem interrupções, sem lacunas, onde não se poderia insinuar o "maléfico inimigo", que está sempre à espreita; algo que, por seu caráter de elaborada composição, esteja em oposição ao mundo, o qual se apresenta como uma série de entidades "isoladas" (*prthak*): fragmentos, interrupções e estilhaços, nos quais é possível identificar os pedaços do corpo desarticulado de Prajapati. Superar o descontínuo: eis a meta do sacerdote. Vencer a morte é apenas uma das muitas conseqüências disso. Portanto, a primeira exigência é que a voz do *hotr* seja, na medida do possível, firme, com uma emissão de som constante. Assim, um dia, o metro *gayatri* transformou-se no pássaro Gayatri e teve força para voar em direção ao céu, a fim de conquistar o Soma, aquele líquido capitoso e inebriante, no qual o oficiante reconhecia a expansão suprema do contínuo.

Uma imensa distância separa o *aksara* do *lógos* do evangelista João. *Lógos* é discurso articulado, concatenação de significados. *Aksara* é aquela irredutível vibração que precede o significado, que o compõe, mas que, nele, não se deixa absorver. Quando *aksara*, a Grande Sílaba, veio a ser identificada com um som, este foi *om*, que é uma interjeição e não um substantivo. *Om* é "a sílaba que exprime o assentimento". Antes de afirmar alguma coisa sobre o mundo, o *aksara* é um sinal de consentimento em relação ao mundo. No próprio átimo em que está sendo articulada, a palavra aprova o mundo. E o sentido daquele átimo irá prevalecer sobre qualquer significado que, depois, venha a ser dado ao mundo, assim como o instante do despertar destaca-se no fluxo da consciência. Ainda hoje, "OM! é o grito mais comum que se ouve durante um sacrifício". Um incessante *sim* envolve todo gesto e toda palavra. Aquele sim à totalidade da existência — que, para Nietzsche, deveria coincidir com a revelação do eterno retorno — acompanhava, desde sempre, todo rito védico, era o seu halo sonoro.

A partir da sílaba, de modo insensível, podia-se chegar aos metros. Os metros védicos foram o primeiro exemplo de adoração da forma. E tratava-se de uma forma pura, vazia, precedendo todo significado porque investida, ela própria, do mais alto significado: "Ó Gayatri, tu tens um pé, dois pés, três pés, quatro pés; tu não tens pé (*pad*), porque não cais! (não pereces, *na padyase*)".

Mas, se o metro não morre, o que acontece com quem o utiliza? Os deuses, cavalgando os metros, conquistaram o céu — a imortalidade. E os homens? Ao lado de deuses "não nascidos", há deuses que alcançaram a sua condição "por meio de ações". Isso não poderia ter acontecido, também, com os homens? "O imortal tem a mesma origem do mortal", dizem os hinos. Assim, os videntes védicos deixaram aberta a porta para essa eventualidade. Mas teria isso ocorrido? Ao menos uma vez, segundo um testemunho obscuro. Era uma vez três irmãos, conhecidos por Rbhu. Chamavam-se Vaja, Rbhuksan, Vibhvan. "Filhos do homem", como todos. Mas podiam ser reconhecidos pelo olhar, porque tinham "olhos de sol", *suracaksasah*, como os deuses. No nome deles, encontramos o *r-* que designa o que está bem articulado: que pertence ao *rta*, a "ordem" que é, também, "verdade". O verbo heráldico dos Rbhu era *taks-*, "moldar", o mesmo da sílaba que forma os metros e as águas. Eles foram, acima de tudo, excelentes artesãos: carpinteiros e ferreiros. Para os Asvin, modelaram um carro com três rodas, que vagava pelo céu, sem rédeas. Construíram-no "com a mente, com o pensamento", *mánasas pari dhyáya*. Para Indra, fizeram surgir dois cavalos baios. Mas contribuíram, também, para aquela obra fundamental que é o sacrifício: "Para Agni, os Rbhu criaram fórmulas sacras (*brahma tataksuh*)", que os homens, depois, usaram no culto. Por isso, os sacerdotes de hoje consideram-se "filhos dos Rbhu".

No final, em decorrência de seu trabalho, conquistaram o céu. Não porque eram devotos da forma, mas sim porque se entregavam àquela devoção que é a forma:

> Graças às artes por meio das quais destes forma à taça, graças ao artifício por meio do qual fizestes uma vaca a partir de uma pele, graças ao pensamento por meio do qual produzistes os dois cavalos baios, graças a tudo isso, ó Rbhu, vós alcançastes a condição divina.

A respeito deles, Stella Kramrisch escreveu: "Os Rbhu são o arquétipo do artífice". Sobre a vida que tiveram na terra, não sabemos muita coisa: uma vez, de uma simples pele, produziram uma vaca e reuniram "a mãe com o bezerro". Na época em que os seus genitores ficaram velhos e enfraquecidos, como "as estacas de um sacrifício que começam a se decompor", infundiram neles, novamente, a juventude.

No céu, Indra e os Asvin acolheram os Rbhu como amigos. Eles tinham muito em comum. Mas até os outros deuses mostraram-se magnânimos, reservando, para eles, a terceira libação dos sacrifícios. Isso tudo era bastante singular, já que, uma vez alcançada a imortalidade, os deuses sempre haviam se mostrado maléficos e pérfidos com relação aos homens. A primeira coisa que fizeram foi apagar os traços do seu sacrifício bem-sucedido na terra, para que os homens não os pudessem imitar. Mas a existência dos Rbhu não iria terminar com aquele tranqüilo fim *in coelestibus*. Teria ficado linear demais, límpida demais, unívoca demais. E não existe história de artista que seja linear, límpida e unívoca. Paradoxalmente, ao atingirem o céu, os Rbhu não tinham, ainda, realizado a sua verdadeira obra. Os feitos anteriores haviam sido, apenas, uma espécie de preparação. Agora, tinha início o acaso. Um dia, os Rbhu chegaram, "depois de muito vagar, à casa do sacrificante Savitr". Deus oculto, Savitr é o Impulsor, o *Agohya*, "aquele de quem nada pode ser escondido". Foi Savitr quem deu aos Rbhu o sinete da imortalidade. E foi na casa dele que os Rbhu dormiram por doze dias — prodigiosa suspensão do tempo —, no solstício de inverno. Àquele sacro letargo é que se deve o fato de, a seguir, na longínqua terra, a relva ter voltado a crescer. Despertou-os um cão, que era o Cão celeste. Mas, sobretudo, foi junto a Savitr que os Rbhu, artífices humanos, conheceram Tvastr, o Artífice divino, cioso guardião do *soma*. Entraram, então, na fase mais misteriosa de sua vida. O que sabemos, a respeito dela, é fragmentário e totalmente destituído de esclarecimentos. Aconteceu isto: a taça na qual os deuses e Tvastr bebiam o *soma* era única. Era "o único". Os Rbhu observaram-na, estudaram-na. Depois, "reproduziram, quatro vezes, aquela taça do Asura [Tvastr], que era única". Como foi que o conseguiram? Medindo-a com precisão; utilizando a sua arte, que era *maya*, a "magia medidora", segundo a reveladora tradução de Lilian Silburn. Tvastr arregalou os olhos quando viu "aquelas quatro taças, que brilhavam como dias novos". E, de repente, disse: "Vamos matar aqueles que contaminaram a divina taça do *soma*!". O que ocorreu, depois, não está claro. Percebem-se, aqui e ali, vultos femininos. De Tvastr, se diz que foi morar com as consortes dos deuses. Dos Rbhu, se afirma que "conduziram a jovem para um lugar seguro, com nome falso". Mas nós não sabemos quem era essa moça. Só uma coisa é certa: aquelas quatro taças esplêndidas, perfeitamente modeladas a partir de um exemplar único, arruinaram, e para sempre, as relações entre os deuses e os artistas, os únicos seres humanos que com eles haviam compartilhado a imortalidade. Os Rbhu foram longe demais ao submeter o protótipo a uma primeira reprodução. Enquanto subsiste o único, o simulacro está aprisionado bem no seu interior. Mas quando as taças se multiplicaram, começou a cair do céu uma interminável catarata de simulacros, com a qual o mundo ainda convive. Isso não era de molde a agradar aos deuses. Se a cópia é a supressão do único, na esteira da cópia encontra-se a morte. Os primeiros simulacros são imagens e aparições de mortos. Isso remetia àquele tempo remoto durante o qual até os deuses haviam pisado na terra, como se fossem mortais. E eles não pretendiam recordá-lo.

Quem evoca a cópia faz um gesto gravíssimo, no plano celeste. E, por ressonância, também na terra. Por que o fizeram? Não nos é dito. Quando Agni, que era amigo deles, colocou a questão, os Rbhu responderam: "Não profanamos a taça, que tem origem nobre. Falamos apenas da formação do lenho, irmão Agni!". Pareciam dizer: interessam-nos, sobretudo, os problemas técnicos. E é essa resposta que permite reconhecer os artistas.

Mas os deuses não os perdoaram. Até os seus amigos, até Agni com os Vasu, até Indra com os Rudra, até os Visvedevah excluíram os Rbhu da espremedura do *soma* pela manhã, ao meio-dia, e ao entardecer: "Aqui não bebereis, não aqui!". Prajapati observava à parte, como sempre. Dirigiu-se a Savitr: "São teus discípulos, bebe com eles!". Savitr aceitou e, por sua vez, convidou Prajapati para beber também. Os solitários com os solitários. Quanto aos deuses, diziam ter "nojo dos Rbhu, por causa do seu cheiro de homens". Nunca se fica totalmente imortal.

8. Literatura absoluta

De que falam os escritores quando mencionam os deuses? Se aqueles nomes não pertencem a um culto — nem àquele culto metafórico que é a retórica —, qual será o seu modo de existir? "Os deuses tornaram-se doenças", escreveu Jung uma vez, com reveladora franqueza. A informe massa psíquica é o lugar onde foram recolher-se todos os deuses, assim como os demais fugitivos do tempo. Mas isso corresponde a uma *diminutio*? Não poderia, ao contrário, ser considerado um retorno às origens — ou, ao menos, um recuo para aquele recinto de onde os deuses sempre saíram? Porque — a despeito do que sejam, de fato — os deuses se manifestam, acima de tudo, como eventos mentais. Ao contrário da ilusão moderna, as forças psíquicas são fragmentos dos deuses, e não os deuses fragmentos das forças psíquicas. E, no momento em que se vêem reduzidos apenas a elas, já que não têm mais uma existência reconhecida nos simulacros de uma comunidade ou, ao menos, num cânone de imagens, o choque pode ser violento e intratável, a não ser com o léxico degradante da patologia. É exatamente esse o momento em que a literatura pode transformar-se num estratagema eficaz para fazer que os deuses escapem da clínica universal e, também, para reinseri-los no mundo, dispersando-os sobre a sua superfície, onde sempre residiram, se for verdade, como escreveu o neoplatônico Salústio, que "até o próprio universo pode ser considerado um mito". A esse ponto, poderão, de novo, viajar camuflados, como personagens que entram e saem de um *Hotel du Libre Échange* astral; ou, então, mostrar-se com as suas antigas vestes, em decalcomanias hiper-reais. O que importa é que o mundo continuará a ser o lugar das epifanias. E para mover-se no meio delas, a literatura será o último Pausânias supérstite. Mas está claro o que significa "literatura"? Quando pronunciamos essa palavra, hoje, percebemos de imediato que um abismo a separa do sentido que tinha para qualquer escritor do século XVIII, enquanto no início do século XIX ela já havia assumido certas conotações que podemos reconhecer atualmente: sobretudo as mais ousadas e as mais exigentes, que deixam atrás de si a antiga construção das *belles lettres* e fogem para um saber que encontra fundamento em si mesmo e se expande, por toda parte, como uma nuvem, capaz de abarcar qualquer perfil, indiferente a qualquer limite. Esse novo ser, que apareceu num dia que não se sabe ao certo e que ainda habita entre nós, pode ser definido como *literatura absoluta*. *Literatura* porque se trata de um saber que se declara e se pretende inacessível por outra via que não seja a da composição literária; *absoluta* porque é um saber que corresponde à busca de um absoluto — e, por isso, não pode comprometer nada menos do que o todo; e, ao mesmo tempo, é algo de *ab-solutum*, "dissolvido" de qualquer vínculo de obediência ou pertença, de qualquer funcionalidade a respeito do corpo social. Às vezes proclamado com arrogância, outras vezes praticado de forma clandestina e dissimulada, esse saber deixa-se perceber na literatura — como presença ou presságio — desde a alvorada romântica, na Alemanha. E parece destinado a não abandoná-la mais: como uma espécie de mutação irreversível, que pode ser celebrada ou execrada, mas pertence, agora, à fisiologia da escrita.

Aplicando a útil superstição das datas, poderíamos dizer que a idade heróica da literatura absoluta se inicia em 1798, com uma revista de pouco mais de vinte anos, o *Athenaeum*, redigida, com freqüência, de forma anônima, por alguns "serafins orgulhosos", entre os quais se destacam Friedrich Schlegel e Novalis, e termina em 1898, com a morte de Mallarmé, em Valvins. Um século exato, ao longo do qual todas as características dirimentes da literatura absoluta tiveram condições de manifestar-se. Segue daí que tudo o que aconteceu depois — e que, em parte, costuma ser catalogado sob as etiquetas, igualmente embaraçosas, de "modernismo" e de "vanguarda" — já havia perdido a sua luminosidade matinal e, justamente por isso, veio a preferir as formas turbulentas, como, por exemplo, o manifesto. No final do século XIX, esse obscuro processo estava concluído, no que diz respeito aos seus traços essenciais. Depois, por todo um outro século, iriam se entrelaçar e hibridar inúmeras ramificações, repercussões e extensões a novos ambientes. Mas como esclarecer as origens de tal processo? Não com argumentações históricas ou sociais, certamente. Aliás, é forte a suspeita de que ele represente a mais radical apostasia da história e da sociedade. É como se — quando as malhas da sociedade se adensaram, até recobrir toda a abóbada celeste, e, ao mesmo tempo, a sociedade começou a reivindicar um culto para si mesma — tivesse surgido, também, uma seita de refratários, recrutados entre gente silenciosa e alguns facínoras, todos determinados na sua oposição. E não, com certeza, porque tivessem de permanecer fiéis a outros cultos. Mas sim porque estavam impregnados de uma percepção tão intensa da divindade que nem sentiam a necessidade de adotar uma denominação, e tão precisa, também, que a sua principal imposição era, antes de tudo, rejeitar aquela venenosa contrafação que o "Grande Animal" da sociedade — segundo a definição platônica — estava aperfeiçoando com zelo e tremendo poder. De Hölderlin aos nossos dias, não houve mudança fundamental, a não ser o fato de que o domínio da sociedade tornou-se tão amplo que acabou por coincidir com a própria obviedade. E esse é o seu máximo triunfo, assim como a aspiração suprema do Diabo é convencer a todos de sua própria inexistência.

Num século como o XIX, sacudido por agitações de todo tipo, o evento que resume todas as suas transformações teria passado despercebido: a pseudomorfose entre religioso e social. Tudo convergia não tanto para a frase de Durkheim: "O religioso é o social", quanto para o fato de que tal frase, de repente, *soava natural*. No curso do século, com certeza, não tinha sido a religião a conquistadora de novos territórios — para além das liturgias e dos cultos, como pretendiam Hugo e tantos outros na sua esteira —, mas sim o social, que, progressivamente, invadira e anexara vastas plagas do religioso, primeiro sobrepondo-se a ele, depois infiltrando-se numa insana mescla e, por fim, englobando-o em si. O que, no final, permanecia era a sociedade nua, mas carregada com todos os poderes herdados, por via de efração, do religioso. E o século XX será o século do seu triunfo. A teologia social se desvincula cada vez mais de toda dependência e ostenta a sua peculiaridade: que é tautológica, publicitária. A força de choque das formas políticas totalitárias só é explicável admitindo-se que a própria noção de sociedade absorveu, em si, um poder inaudito, que, inicialmente, estava conservado no religioso. Seguir-se-ão as liturgias nos estádios, os heróis positivos, as mulheres fecundas, e os massacres. Ser anti-social vai se tornar o equivalente de pecar contra o Espírito Santo. Quer o pretexto seja racial ou classista, para exterminar o inimigo o motivo apresentado é sempre o mesmo: a capacidade de prejudicar a sociedade. A sociedade é o sujeito acima de todos os sujeitos, em benefício do qual tudo se justifica. Numa primeira fase, recorrendo a uma ênfase emprestada, brutalmente, do religioso (o sacrifício *pela* pátria); a seguir, em nome do funcionamento da própria sociedade, que impõe a eliminação de qualquer distúrbio.

Para aquela seita pouco numerosa e muito dispersa que relutava em aceitar tudo isso, até por mera incompatibilidade fisiológica, sobra, apenas, como único sinal de reconhecimento, "aquele conceito de literatura (noção tardia, idéia sem honra), útil sobretudo para os manuais", que sobressai — solitário e ileso — quando "os gêneros se esfarelam e as formas se desfazem, quando o mundo não tem mais necessidade de literatura e qualquer livro parece diferente do outro e, ao mesmo tempo, indiferente à realidade dos gêneros". E, a essa altura, manifesta-se um fenômeno singular: para seguir a história acidentada e tortuosa da "literatura absoluta", deveremos confiar, quase exclusivamente, nos próprios escritores. Não nos historiadores, com certeza, os quais, ainda hoje, estão tentando explicar o que ocorreu; e raramente nos críticos profissionais. Ao mesmo tempo, algumas disciplinas, como a semiótica, que pretenderam ter um papel de destaque, revelaram-se supérfluas — ou inoportunas. Só os escritores estão em condições de abrir-nos os seus laboratórios secretos. Guias caprichosos e evasivos, são, no entanto, os únicos a conhecer passo a passo o terreno: quando lemos os ensaios de Baudelaire ou de Proust, de Hofmannsthal ou de Benn, de Valéry ou de Auden, de Brodski ou de Mandel'stam, de Marina Cvetaeva ou de Karl Kraus, de Yeats ou de Montale, de Borges ou de Nabokov, de Manganelli ou de Calvino, de Canetti ou de Kundera, percebemos logo — ainda que um possa detestar o outro, ou ignorá-lo ou opor-se a ele — que todos *falam do mesmo objeto*. Mas nem por isso estão ansiosos por citá-lo. Protegidos por múltiplas máscaras, sabem que a literatura de que falam se reconhece, mais do que pela sujeição a uma teoria, por certa vibração ou luminescência da frase (ou do parágrafo, da página, do capítulo, do livro inteiro). Aquela espécie de literatura é um ser que basta a si mesmo. Mas isso não quer dizer que ela seja auto-referencial somente (como pretende uma nova espécie de carolas), que ela seja, apenas, o reflexo de um realismo ingênuo, realismo cujos defensores já foram desbaratados por uma única frase de Nabokov (a "realidade", que nada significa sem aspas — enquanto, em outra passagem, diz, ainda, que aquelas aspas se agarram a ela, "como se fossem presas"). Não se pode, sensatamente, duvidar que a literatura seja auto-referencial: como poderia uma forma não sê-lo? Mas, ao mesmo tempo, ela é onívora: é igual ao estômago de certos animais, onde se encontram pregos, cacos e lenços. Às vezes intactos, como se fossem lembranças insolentes de que algo sucedeu, lá embaixo, naquele lugar cheio de coisas reais diversas, opostas e até mal definidas, lugar que é uma espécie de útero de toda a literatura. Mas também da vida em geral.

Será preciso resignar-se a isto: a literatura não ostenta e jamais ostentou sinais de reconhecimento. O melhor controle experimental — talvez o único — ao qual podemos submetê-la é o que Housman sugeriu: verifique se uma seqüência de palavras, pronunciadas em voz baixa enquanto a navalha desliza, de manhã, sobre a pele do rosto, faz eriçar os pêlos da barba, ao mesmo tempo que "um arrepio desce pela espinha dorsal". E não se trata de reducionismo fisiológico, com certeza. Aquele que rememora um verso, enquanto se barbeia, passa por certo estremecimento, por certa "horripilação", ou seja: a *romaharsa* que se apossa de Arjuna ao presenciar a esmagadora epifania de Krishna, no *Bhagavad Gita*. E seria até possível traduzir essa palavra por "felicidade dos pêlos", porque *harsa* significa "felicidade", bem como "ereção" sexual. Assim decide uma língua como o sânscrito, que não ama o explícito e prefere subentender que tudo seja sexual.

Quanto a Baudelaire, sentia-se orgulhoso de que Victor Hugo tivesse sentido, nos seus versos, um "novo arrepio". Como reconhecer, de outra forma, a poesia — e o seu desvio em relação ao que já existe? Algo ocorre, algo que Coomaraswamy definiu, um dia, como "o abalo estético". A sua natureza não muda — quer se trate do aparecimento de um deus ou de uma seqüência de palavras. É a isso que a poesia induz: ela faz ver o que, de outra forma, não se veria, por meio daquilo que, antes, jamais se ouviu.

Mas o que tinham em mente esses escritores que mencionei, quando diziam, quando pensavam a respeito de algo: *isso é Literatura*? Alérgicos a qualquer pertença, sócios honorários (como Groucho Marx) do clube daqueles que jamais se inscreveriam numa agremiação que os aceitasse como membros, eles aludiam, com essa palavra, à única paisagem na qual sentiam-se vivos: uma espécie de realidade segunda, que se escancara por trás das fissuras daquela onde foram harmonizadas, coletivamente, as convenções que fazem avançar a máquina do mundo. Que tais fissuras existam já é um postulado metafísico — e nem todos tinham vontade de estudar textos de filosofia. Mas, de fato, operavam assim, como se a literatura fosse uma espécie de metafísica natural, irreprimível, que se baseia em cadeias não de conceitos mas sim de entidades heteróclitas — fragmentos de imagens, assonâncias, ritmos, gestos, formas de todo gênero. E esta última era, talvez, a palavra decisiva: forma. Repetida por séculos, pelos motivos mais variados e sob as mais diversas espécies, ainda hoje parece ser o fundo por trás de qualquer outro fundo, quando se fala de literatura. Fundo fugidio, além de tudo, e incapaz, por natureza, de traduzir-se em enunciados. De forma, é possível se falar, de modo convincente, apenas por meio de outras formas. Não existe nenhuma linguagem superposta às formas, e que possa explicá-las, bem como torná-las funcionais. Assim como isso não existe, também, com relação ao mito. O contrário, no entanto, tem sido o pressuposto de diversas tendências e escolas de pensamento, que, em vagas sucessivas, vêm invadindo o mundo repetidamente, mas que não conseguiram nem mesmo arranhar aquele que continua a ser, de acordo com Goethe, o "mistério evidente" de toda forma.

Olhando para trás, na direção desse longo processo, nós nos perguntamos: quando foi que, pela primeira vez, ressoou o seu timbre peculiar, inconfundível? Quando foi que, lendo certa página, nós nos sentimos persuadidos a nela reconhecer o presságio de uma história inaudita, ainda ignara de si mesma, mas também inassimilável a qualquer outra história precedente? Por exemplo, lendo o *Monólogo* de Novalis:

> Quando se fala e quando se escreve, acontece algo de louco: a verdadeira conversação é um puro jogo de palavras. Espantamo-nos (e podemos até nos divertir) ao perceber que as pessoas acreditam falar "pelas coisas". Exatamente o que a linguagem tem de peculiar: cuidar só de si mesma, eis o que todos ignoram. É por isso que ela é um mistério tão admirável e frutuoso — até porque, se alguém fala só por falar, vai dar expressão a verdades as mais esplêndidas, as mais originais. Mas se pretende falar de algo bem definido, a caprichosa linguagem vai levá-lo a dizer as coisas mais ridículas e desacertadas. Disso, também, nasce o ódio à linguagem que algumas pessoas sisudas sentem. Observam os seus caprichos, mas não percebem que a desprezível tagarelice é o lado infinitamente sério da linguagem. Se fosse possível fazer todo mundo compreender que, na linguagem, as coisas estão dispostas como nas fórmulas matemáticas [...] Estas constituem um mundo à parte, jogam só com si mesmas, não exprimem outra coisa a não ser a sua prodigiosa natureza, e por isso mesmo são tão expressivas! É exatamente por essa razão que se espelha nelas o estranho jogo de relações entre as coisas. Só por intermédio da sua liberdade é que elas são arti-

culações da natureza e só nos seus livres movimentos é que se manifesta a alma do mundo, fazendo que elas se transformem numa medida delicada e numa espécie de perfil das coisas. O mesmo vale para a linguagem: quem tem um sentido sutil do seu dedilhado, do seu tempo, do seu espírito musical, quem sente em si a refinada ação de sua natureza íntima e, quando decide segui-la, move a língua ou a mão, esse será um profeta; ao contrário, quem sabe tudo isso mas não tem ouvido suficiente ou, então, capacidade para escrever semelhantes verdades, será ridicularizado pela própria linguagem e escarnecido pelos homens, como Cassandra entre os troianos. Se, com isso, eu acredito ter indicado, da forma mais clara possível, a essência e o ofício da poesia, também sei que nenhum homem tem condições de chegar a esse entendimento, e terei dito algo de tolo pelo simples fato de ter pretendido dizê-lo; dessa forma, não saiu poesia alguma. E se eu me sentisse forçado a me expressar? E se esse impulso lingüístico no sentido de falar fosse a marca da inspiração da linguagem, da ação da linguagem em mim? E se a minha vontade quisesse apenas aquilo de que eu não posso escapar, isso não poderia, talvez, no fim das contas, de forma inconsciente, ser poesia e tornar compreensível um dos mistérios da linguagem? Não seria, assim, um escritor por vocação, já que um escritor não passa de alguém que se entusiasmou pela linguagem?

Essa página, que é sem igual em toda a obra de Novalis, e na literatura romântica em geral, só pode ser citada integralmente. Não é um argumento, nem uma série de argumentos, mas sim um fluxo contínuo de palavras sobre a linguagem, onde se tem até a impressão de que é a própria linguagem que está a falar. Jamais linguagem e discurso sobre linguagem haviam chegado a tal proximidade. Tocam-se de leve sem, no entanto, juntar-se. E o fato de que não coincidam de todo é um prazer a mais, como se pudessem se fundir a qualquer momento, preferindo, no entanto, deixar uma abertura mínima, para respirar. Heidegger criticou nesse texto, que venerava, o fato de conceber a linguagem "dialeticamente, no horizonte do idealismo absoluto, com base na subjetividade". Argumento que não convence: no *Monólogo*, não há nenhum traço de maquinaria dialética. Nem se percebe qualquer necessidade de recorrer a algo chamado de "subjetividade". O que — podemos supor — incomodava Heidegger naquele texto era outra coisa: o seu caráter volátil e volúvel, a sua destemida resistência a uma conceitualização, o atrevimento com o qual apresentava, como se fosse uma "desprezível tagarelice" sobre a tagarelice, uma especulação abissal, que nos conduz para perto do lugar de onde brota a palavra. É esse o gesto por excelência da literatura absoluta. E é isso que inquietava Heidegger, por ser algo de indomável, e por corresponder a um poderoso aparato estratégico. Nesse texto, do qual não se conservou o autógrafo, texto acéfalo, talvez uma folha solta, não datável com certeza — mas, provavelmente, redigido naquele ano inaugural de 1798 —, nessas poucas linhas sussurradas, como se fosse um *presto* demoníaco, a literatura absoluta se apresenta na plenitude do seu risco: irresponsável, metamórfica, fugindo de qualquer definição policial de identidade, enganosa nos tons (a ponto de que alguns germanistas desprovidos de humor acreditaram que o *Monólogo* tivesse um significado irônico) e, enfim, livre de toda autoridade, não só da augusta retórica mas também da metafísica — e, igualmente, de um pensamento que declara estar *além* da metafísica, como o de Heidegger. Dedicando-se apenas à sua própria elaboração, como uma criança absorta no seu jogo solitário. "Arte monológica", teria dito um dia Gottfried Benn, aquele que no século xx iria formular, dessa mutação da literatura, a versão mais corrosiva e insolente. Estava prostrado, isolado, circundado de escombros, no seu consultório de médico especialista em moléstias contagiosas em Berlim, e escrevia, assim, a Dieter Wellershoff:

O senhor fala de estilos: o estilo penetrante, o estilo enxuto, o estilo musical, o estilo íntimo — todos excelentes pontos de vista, mas não se esqueça do "estilo expressivo", no qual o que conta é apenas a fascinação e a marca da expressão, no qual os conteúdos são apenas euforizações para exercícios artísticos [...] A esse respeito, observe a linguagem dos romances e da poesia da segunda metade do século xix. Vai ver que ela tem algo de bem-intencionado, probo, sincero (no sentido antigo), algo que não carece de atração mas que *representa* estados de ânimo, relações, situações, transmite experiências e conhecimento. No entanto, aí, a linguagem não é o agente criativo em si, não é ela mesma. De repente, chega Nietzsche e começa *a* linguagem, que não quer (e não consegue) outra coisa a não ser fosforescer, luzir, arrebatar, aturdir. Celebra a si mesma, arrasta tudo o que é humano para o interior do seu delgado — e poderoso — organismo, torna-se monológica, aliás monomaníaca. Eis, então, um estilo trágico, estilo de crise, híbrido e final [...]

À distância de um século e meio, e por trás de um cenário de ruínas, o monólogo de Novalis parece prosseguir. Mas, agora, os timbres são diversos, naturalmente. Do angélico, inclinam-se para o tóxico. De qualquer forma, as vozes se reconhecem, se respondem, se entrelaçam. Tinha razão Heidegger em desconfiar daquela página de Novalis. Ali se anunciava um saber que não iria se subordinar a nenhum outro e que viria a se insinuar nos interstícios dos demais. A literatura cresce como erva entre as sombrias e poderosas camadas do pensamento. "E, de repente, chega Nietzsche [...]": mas por que um desvio tão drástico na evolução da literatura deveria manifestar-se justamente nos escritos de um filósofo? E, no entanto, nós sentimos que Benn não poderia ter escolhido outra pessoa para aquele papel. Por quê? A despeito da grandiosa insistência de Heidegger no sentido de provar o contrário em dois volumes e mais de mil páginas, a obra de Nietzsche foi a primeira tentativa de escapar do cárcere das categorias platônicas e aristotélicas. O que fugiu da prisão não está bem definido ainda. Mas muitos viajantes garantem que a literatura é o salvo-conduto mais aceito naquela terra incógnita onde — dizem eles — todas as mitologias estão, nos dias de hoje, levando uma vida ociosa, naquela *terra de ninguém* sulcada de deuses, de simulacros errantes, de espíritos e caravanas ciganas, em perene movimento. Todos esses seres escapam, continuamente, da caverna do passado. Não anelam a outra coisa a não ser um novo reconhecimento, assim como as sombras do Hades desejam o sangue. Mas como alcançá-los? A cultura, na sua acepção mais tardia, deveria ser a capacidade de celebrar, invisivelmente, os ritos que dão acesso a esse reino, que é também o reino dos mortos. E é exatamente essa a capacidade que nos faz falta, no mundo em que vivemos. Nos instáveis bastidores daquilo a que se costuma dar o nome de "realidade", as vozes se acumulam. Se ninguém as ouve, apossam-se do primeiro que passa e a sua irrupção pode ser devastadora. Violento é, antes de tudo, aquilo que não encontrou quem o escute.

Essa é a terra em que Nietzsche entrou e na qual, um dia, acabou por se perder. A terra de "verdade e mentira no sentido extramoral", como diz o título de um breve texto seu, que pertence ao período do *Nascimento da tragédia* e compartilha da sua clarividência e do seu fervor. Ainda que com um estilo diferente, que agora é ágil, leve, com digressões, como se, curado da *Gaia ciência*, Nietzsche estivesse dando, aqui, os seus primeiros passos. Mas, desde as primeiras linhas, fica claro que o que está em jogo, nessas páginas, é o todo. Nietzsche quer logo contar-nos uma história que corresponde a um só instante da história do cosmo:

> Era uma vez, num canto remoto do universo imenso e cintilante, através dos infinitos sistemas solares, um astro, no qual alguns

animais astutos inventaram o saber. Foi o momento mais falso e mais mentiroso da "história do mundo": Mas durou um minuto, apenas. Depois de alguns suspiros da natureza, o astro se enrijeceu e os espertos animais começaram a morrer.

O ponto decisivo nessa fábula está onde se diz que o conhecimento é algo *inventado*. Se o saber não se descobre, se ele é inventado, isso implica que, nele, está em ação um poderoso elemento de simulação. E Nietzsche se aventura a dizer que é mesmo na simulação que "o intelecto desdobra as suas forças básicas". É o que basta para minar todo o prévio edifício do saber. Como sempre, com soberana rapidez, Nietzsche parte para as conseqüências e, depois de umas poucas linhas, já se arrisca a responder à questão suprema: "O que é a verdade? Resposta: um móvel exército de metáforas". Assim que essas palavras são enunciadas, "os imensos pilares e as armações dos conceitos" desabam: metáfora não significa mais ornamento não vinculador, aceitável apenas no mundo inconsistente dos poetas. Ao contrário: se "o instinto fundamental do homem" é mesmo "o instinto de criar metáforas", e se os conceitos não passam de metáforas rígidas e desbotadas, moedas gastas pelo uso, como ainda Nietzsche ousava afirmar, então aquele instinto, que não se aquieta no "grande pombal dos conceitos", buscará "outro leito para a sua corrente". Onde? "No *mito* e, em geral, na *arte*." Com um golpe de mão, Nietzsche terminava por atribuir à arte uma suprema qualidade cognitiva. Conhecimento e simulação não eram mais antagonistas, mas cúmplices. E se todos os conhecimentos são formas da simulação, a arte é, pelo menos, a mais imediata e vibrante. E não só isso: se a metáfora é o veículo normal e primordial do conhecimento, a relação com os deuses e os seus mitos também se mostrará como uma evidência que não exige demonstração:

Quando qualquer árvore pode, de vez em quando, falar como uma ninfa, quando um deus em forma de touro consegue arrebatar uma virgem, e quando a própria deusa Atena pode ser vista a atravessar os mercados da sua cidade, numa bela carruagem, em companhia de Pisístrato — e nisso acreditava o honesto ateniense —, então, a todo momento, tudo é possível, como num sonho, e a natureza inteira enxameia em torno dos seres humanos, como se não passasse de uma mascarada dos deuses, que brincam de enganar o homem, assumindo todo tipo de forma.

Aqui, mais do que em qualquer outro lugar, Nietzsche exercita a "magia do extremo", a sua primeira e temerária virtude. Assim, é possível pensar que ele tenha permanecido isolado e sem comunicação ao situar sobre tal pináculo cognitivo a ação da arte. Mas o jovem Proust não iria ficar muito longe dele, poucos anos depois. Freqüentemente imaginado como um fátuo mundano à espera de ser atingido pela faísca literária, Marcel Proust pressupõe aquela fulguração desde o início, e isso quando ainda estava dando os primeiros passos na vida em sociedade. Logo se nota nele certa dureza, uma intransigência, assim que trata daquilo que a literatura é. Não demora a falar dela em termos de *conhecimento*.

Poucas palavras se repetem, na *Recherche*, com regularidade tão obsessiva quanto o vocábulo "leis", toda vez que a aparência se lacera e um fundo escuro — ou deslumbrante — se deixa entrever. Parece até que Proust se preocupava com legislação, como se — mais do que um romancista — falasse, nele, um cientista. E não se trata de um acaso, certamente, de algo que se manifesta apenas no interior da *Recherche* como uma espécie de chancela cognitiva. Num fragmento que pode remontar ao período de *Jean Santeuil*, ainda da época da aparente dissipação mundana, Proust nos oferece, quase de passagem, uma definição da literatura que faz que ela coincida exatamente com o seu aspecto legislativo. Ele parte da visão do poeta que "fica atento diante de qualquer coisa que não mereça a atenção do homem refletido. Logo nos perguntamos se não será ele um enamorado ou, até mesmo, um espião e, depois que, por longo tempo, parece ter examinado uma árvore, queremos saber o que está olhando, na realidade". E logo se descarta toda referência à pura sensação: "Ele permanece diante da árvore, mas o que busca está, sem dúvida, muito além da árvore". A esse ponto, nós nos perguntamos, como num apólogo zen, o que é que está "além da árvore". E, aqui, Proust nos vem ao encontro, com uma das suas admiráveis frases ondulantes, em cujo centro encontramos, engastada, a fórmula que buscávamos:

> Mas o poeta, que sente, com alegria, a beleza de todas as coisas, ao colhê-la nas leis misteriosas que carrega consigo e ao se preparar para fazê-la reaparecer em todo o seu encanto, mostrando-a através de uma simples nesga das leis misteriosas, aquela nesga que se vincula a elas, aquela nesga que ele também representará, no momento em que reproduzir as próprias coisas, ao tocar os seus pés ou a partir da sua fronte, o poeta — digo — sente e faz conhecer, com alegria, a beleza de tudo, não considerando um copo d'água inferior aos diamantes, nem vice-versa, e também não julgando um campo inferior a uma estátua, nem vice-versa.

Não sensações mas sim *leis* nós encontramos no centro daquela percepção que distingue o escritor de qualquer outro ser — e o leva a observar as coisas do mundo com uma concentração maníaca que nos faz pensar num espião ou num apaixonado. De tais "leis misteriosas" (que, com o passar do tempo, irão perder o adjetivo) será recheada toda a *Recherche* — mas parece claro que Proust as via tecendo, também, toda a literatura. A tal ponto que, sempre no mesmo texto, se sugere, por meio delas, uma explicação biológico-metafísica da necessidade da *obra*:

> A mente do poeta está cheia de manifestações das leis misteriosas, e, quando essas manifestações aparecem, elas se fortificam, elas se destacam muito sobre o fundo da sua mente, elas aspiram a escapar dele, porque tudo o que deve durar aspira a escapar de tudo o que é frágil, decrépito e está prestes a perecer, ou, então, do que não é mais capaz de levá-las à luz. Assim, toda vez que se sente suficientemente forte e tem uma abertura, a espécie humana tende a sair de si mesma, num esperma completo, que a contém inteiramente, do homem de um dia mas que, talvez, venha a morrer justamente esta noite, e que quiçá também não a abarque mais na sua inteireza, e no qual (já que ela depende dele enquanto é sua prisioneira) não será mais assim tão resistente. Desse modo, as leis misteriosas — ou poesia —, quando se sentem suficientemente fortes, desejam escapar do homem caduco que quem sabe esta noite já esteja morto ou no qual (já que ela depende dele enquanto é sua prisioneira, e ele pode adoentar-se, ou descuidar-se, tornar-se mundano, mais fraco, consumir, no prazer, aquele tesouro que carrega consigo e que definha em certas condições existenciais, uma vez que a sua sorte está ligada à dele, ainda) não encontrem mais aquela energia misteriosa que lhes permite desenvolver-se na sua plenitude; destarte, ela aspira a sair do homem sob a forma de obras.

Por trás da mistura, aqui particularmente crua, de fisiologia positivista e platonismo — mescla que é uma característica de Proust —, percebemos, nesse texto muito tortuoso, que algo de invariável e essencial se cristalizou: antes de tudo, a idéia da poesia como "pensamento das leis misteriosas", enquanto a necessidade da obra é considerada como a transmigração de um ser imortal, que usa o corpo do autor como invólucro provisório e o abandona o mais depressa possível, por temer vir a ser sufocado. Delineia-se, então, a hipótese de que seja esse processo de transmissão osmótica, de obra em obra, que faz que (assim que começa a perfilar-se o acaso da literatura absoluta) qualquer outra conotação — de escola, de tradição nacional, de momento histórico — se torne inconsistente e secundária. Os escritores que, de algum modo, participam daquele risco, tendem, agora, a formar uma espécie de comunhão dos santos, onde o mesmo fluido circula de obra em obra, de página em página, umas correspondendo às outras graças a um laço de afinidade muito mais forte do que o que pode vinculá-las à época, às tendências — e até à fisiologia e ao gosto do autor: este é o "mistério das letras", que se declara, na sua flamejante obscuridade, a partir dos anos do *Athenaeum* — e que permanece intacto, ainda hoje, para ser percebido apenas por alguns. Toda relação direta é supérflua. Mas a afinidade e a seqüência, entre um elo e outro da cadeia, declaram-se de modo imperioso, como uma renovada *aurea catena Homeri*.

A situação mais parecida seria a de dois matemáticos que, à distância de milhares de quilômetros, e sem se conhecerem, sentem, igualmente, a necessidade urgente de resolver certa equação pela qual os demais colegas passam distraídos. Um dia, as anotações dos dois matemáticos poderão justapor-se e sobrepor-se, até o ponto de nos fazer pensar que venham da mesma pessoa, não fosse por alguma diferença no modo de expor e proceder, já que, no fim das contas, conservam sempre um traço do "ser misterioso que cada um de nós é, do ser que tem aquele dom de dar, a tudo, um certo jeito que pertence só a nós". E, se um dia os seus caminhos se cruzarem, poderão também se tocar, sem dizer palavra, como os sacerdotes do deus de que fala Hölderlin, "que, de terra em terra, se deslocavam, na sacra noite".

Começamos com Homero, terminemos num lugar que é o

"algures" de qualquer outro. No meio, um caminho: um cruzamento de variantes. E, no entanto, sabemos que, por trás de todo tipo de sobressalto, a cena permaneceu sempre a mesma. Vem-nos ao encontro uma taça ateniense, da época da Guerra do Peloponeso, hoje no Corpus Christi College, em Cambridge. Três figuras: à esquerda, sentado numa rocha, um jovem que escreve numa tabuinha, um *dýptichon* que parece um *laptop*. Mais abaixo, uma cabeça cortada encara o rapaz que escreve. À direita, Apolo, em pé: com uma mão segura um galho de loureiro, enquanto estende o braço direito em direção àquele que redige.

O que está acontecendo? De acordo com as representações mais freqüentes, Orfeu foi degolado por uma mênade que lhe puxou os cabelos para trás e lhe enterrou uma lâmina no pescoço. Para defender-se, o poeta brandia a lira como uma arma. E cantava, mas a *vis carminum* [força dos cantos] só por algum tempo conseguiu segurar, no ar, as pedras que as outras mênades lhe atiravam. Depois, o fragor do ataque superou sua voz, que ficou sem ação. A cabeça de Orfeu foi decepada com uma foice. Jogada num rio, começou a flutuar. Cantava e sangrava. Mas estava sempre fresca, saudável. Do rio passou para o mar. Atravessou um vasto trecho do Egeu e aportou em Lesbos. É possível supor que a cena pintada na *kýlix* ateniense tenha sido situada nessa ilha. E é a cena primordial da literatura, composta por seus elementos irredutíveis.

A literatura jamais é coisa de um só sujeito. Os atores são, pelo menos, três: a mão que escreve, a voz que fala, o deus que vigia e impõe. O seu aspecto não é muito diferente: todos os três são jovens, com cabeleira abundante e serpentina. Facilmente poderiam ser tomados por três aparições de uma mesma pessoa. Mas não é esse o ponto. O ponto é a divisão em três seres auto-suficientes. Poderíamos chamá-los o Eu, o Self e o Divino. Entre esses três seres ocorre um contínuo processo de triangulação. Toda frase, toda forma são variações no interior daquele campo de forças. Daí a ambigüidade da literatura. Porque o ponto de vista desloca-se, incessantemente, entre esses extremos, sem nos avisar. E, às vezes, sem avisar o autor. Aquele que escreve na tabuinha está absorto, como se não visse nada em torno de si. E talvez não veja mesmo. Talvez nem saiba quem o circunda. Basta o estilete com que desenha as letras, para capturar a sua atenção. A cabeça que navega nas águas canta e sangra. Toda vibração da palavra pressupõe algo de violento, um *palaiòn pénthos*, um "antigo luto". Um assassinato? Um sacrifício? Não está claro, mas a palavra jamais terminará de contá-lo. Apolo empunha a sua haste de loureiro. Estendendo o outro braço, aponta para algo. Impõe? Proíbe? Protege? Não o saberemos jamais. Porém aquele braço retesado, como no Apolo do mestre de Olímpia, eixo imóvel no centro da voragem, investe e sustenta a cena inteira — e toda a literatura.

Índice de fontes

Os números em itálico indicam as páginas em que se encontram as citações, elencadas na ordem em que aparecem no texto.

Ilíada, XIII, 71, *10*
Odisséia, XIII, 312, *10*
Hino a Deméter, 111, *10*
Odisséia, XVI, 161, *11*
Eurípides, Helena, 560, *11*
K. Kerényi, Antike Religion, Klett-Cotta, Stuttgart, 1995, p. 160, *11*
Arato, Fenômenos, 1-5, *11*
Virgílio, Bucólicas, III, 60, *11*
Ch. Baudelaire, L'École païenne, in Oeuvres complètes, aos cuidados de C. Pichois, Gallimard, Paris, vol. II, 1976, p. 44, *12*
Loc. cit., *12*
Ibid., pp. 44-45, *13*
Madame de Staël, De l'Allemagne, Garnier-Flammarion, Paris, 1968, vol. I, p. 51, *14*
F. Hölderlin, carta nº 240 a C. U. Böhlendorff, in Briefe, aos cuidados de F. Beissner, Kohlhammer, Stuttgart, 1959, p. 462, *14*
Ch. Baudelaire, Exposition universelle — 1855 — Beaux Arts, in Oeuvres complètes, vol. II, cit., p. 577, *15*
Ch. Baudelaire, Lettre à Jules Janin, in Oeuvres complètes, vol. II, cit., p. 233, *15*

Ch. Baudelaire, *L'École païenne*, cit., p. 46, *16*
Ch. Baudelaire, *Correspondance*, aos cuidados de C. Pichois, Gallimard, Paris, 1973, vol. II, p. 471, *16*
H. Heine, *Elementargeister*, in *Sämtliche Schriften*, aos cuidados de K. Briegleb, Hanser, München, 1978, vol. III, p. 686, *17*
H. Heine, *Elementargeister*, segunda versão francesa, in *Sämtliche Schriften*, cit., vol. III, p. 1024, *17*
Ch. Baudelaire, *L'École païenne*, cit., pp. 47-49, *20*
P. Verlaine, *Les Dieux*, vv. 1-4, *20*
F. Nietzsche, *Nachgelassene Fragmente* (*Herbst 1887 bis März 1888*), in *Werke*, aos cuidados de G. Colli e M. Montinari, de Gruyter, Berlim/Nova York, vol. VIII/2, 1970, p. 176, *21*
A. Warburg, *Burckhardt-Übungen*, in E. H. Gombrich, *Aby Warburg*, Phaidon, Oxford, 1986, p. 254, *25*
F. Nietzsche, carta a Jacob Burckhardt de 4 de janeiro 1889, in *Briefwechsel*, aos cuidados de G. Colli e M. Montinari, de Gruyter, Berlim/Nova York, vol. III /5, 1984, p. 574, *26*
A. Warburg, *Sandro Botticellis "Geburt der Venus" und "Frühling"*, in *Gesammelte Schriften*, B. G. Teubner, Leipzig/Berlim, 1932, vol. I, p. 20, *27*
Hino a Apolo, 244, *27*
Ibid., 291, *27*
Ibid., 300, 376, *28*
Platão, *Fedro*, 238 d, *28*
Apolônio Ródio, *Argonáuticos*, I, 1238-1239, *28*
Porfírio, *O Antro das Ninfas*, 8, *28*
V. Nabokov, *Lolita*, Putnam, Nova York, 1958, p. 18, *29*
E. Pound, *Guide to Kulchur*, New Directions, Nova York, 1970, p. 299, *29*
V. Nabokov, *Lolita*, cit., p. 131, *30*
W. Michel, *Das Leben Friedrich Hölderlins*, Schünemann, Bremen, 1940, p. 261, *30*
F. Hölderlin, carta nº 236 a C. U. Böhlendorff, in *Briefe*, cit., p. 456, *31*
F. Schiller, carta a J. G. Herder de 4 de novembro de 1795, in *Briefe*, aos cuidados de G. Fricke, Hanser, München, 1955, p. 375, *31*
G. Leopardi, *Zibaldone*, aos cuidados de R. Damiani, Mondadori, Milão, 1997, vol. II, p. 1856, *31*
Ibid., vol. I, p. 288, *31*
Ibid., p. 289, *32*
Ibid., vol. II, p. 2157, *32*
Ibid., p. 2158, *32*
Loc. cit., *32*

Loc. cit., 32
Ibid., p. 1858, *33*
Ibid., p. 1857, *32*
F. Hölderlin, *Das Höchste*, in *Sämtliche Werke*, aos cuidados de F. Beissner, Insel, Frankfurt a. M., 1961, p. 1256, *33*
Loc. cit., 33
F. Hölderlin, *Wie wenn am Feiertage...*, vv. 22, 25, *33*
Heidegger, *Erläuterungen zu Hölderlins Dichtung*, Klostermann, Frankfurt a. M., 1963, p. 61, *33*
Loc. cit., 34
Ibid., p. 62, *34*
Loc. cit., 34
R. M. Rilke, *Duineser Elegien*, I, vv. 4-5, *34*
F. Hölderlin, *Wie wenn am Feiertage...*, v. 20, *35*
Ibid., v. 23, *35*
F. Hölderlin, *Patmos*, vv. 1-2, *35*
F. Schlegel, *Rede über die Mythologie*, de *Gespräch über die Poesie*, in *Kritische Ausgabe*, vol. II, *Charakteristiken und Kritiken I*, aos cuidados de H. Eichner, Schöningh, München, 1967, p. 319, *35*
Apolônio Ródio, *Argonáuticos*, II, 669-684, *36*
Ibid., II, 686-688, *37*
F. Hölderlin, carta nº 236 a C. U. Böhlendorff, in *Briefe*, cit., p. 456, *37*
Loc. cit., 37
Loc. cit., 37
F. Hölderlin, *Anmerkungen zum Oedipus*, in *Sämtliche Werke*, cit., p. 1188, *37*
Loc. cit., 38
Loc. cit., 38
F. Hölderlin, *Mnemosyne*, segunda redação, vv. 2-3, *39*
F. Hölderlin, carta n. 236 a C. U. Böhlendorff, in *Briefe*, cit., p. 456, *39*
Loc. cit., 39
H. Vaughan, *The World*, vv. 1-3, *39*
F. Hölderlin, *Der Vatikan*, v. 12, *40*
F. Hölderlin, *Griechenland*, v. 1, *40*
F. Hölderlin, *Der Frühling*, v. 2, *40*
F. Hölderlin, *Komet*, in *144 fliegende Briefe*, aos cuidados de D. E. Sattler, Luchterhand, Darmstadt, vol. II, 1981, p. 351, *40*
I. Calvino, *Saggi [Ensaios] 1945-1985*, Mondadori, Milão, vol. I, 1995, p. 1018, *42*
Atharva Veda, 12, 1, 13, *43*
Ibid., 12, 1, 21, *43*

Ibid., 12, 1, 24, *43*
Ibid., 12, 1, 57, *43*
Ibid., 12, 1, 26, *43*
[*Das älteste Systemprogramm des deutschen Idealismus*], in G. W. F. Hegel, *Werke*, Suhrkamp, Frankfurt a. M., vol. I, 1971, p. 236, *44*
F. Nietzsche, *Die Geburt der Tragödie*, in *Werke*, cit., vol. III /1, 1972, p. 141, *44*
F. Schlegel, *Rede über die Mythologie*, cit., p. 312, *45*
Loc. cit., *45*
Ibid., p. 313, *45*
Ibid., p. 319, *46*
Ibid., pp. 319-320, *46*
F. Schlegel, *Über die Sprache und Weisheit der Indier*, Mohr, Heidelberg, 1808, p. 91, *47*
F. Hölderlin, *Brot und Wein*, v. 54, *48*
Ibid., v. 108, *48*
Ibid., vv. 113-114, *48*
Platão, *Fedro*, 244 d, *48*
F. Creuzer, *Dionysus*, Mohr, Heidelberg, 1801, p. 1, *49*
Ibid., p. 5, *49*
Heráclito, fr. A *60* (Colli), *49*
Aristóteles, *Sobre a filosofia*, fr. 15 (Ross), *50*
F. Nietzsche, *Nachgelassene Fragmente* (*Herbst 1869 bis Herbst 1872*), in *Werke*, cit., vol. III /3, 1978, p. 213, *50*
Ibid., p. 320, *50*
Ibid., p. 392, *51*
Ibid., p. 315, *51*
F. Nietzsche, *Die Geburt der Tragödie*, cit., p. 123, *51*
Ibid., p. 145, *51*
F. Nietzsche, *Nachgelassene Fragmente* (*Herbst 1869 bis Herbst 1872*), in *Werke*, cit., vol. III /3, 1978, p. 273, *52*
Ibid., p. 310, *52*
Ibid., p. 253, *52*
Ibid., p. 166, *52*
Loc. cit., *52*
F. Nietzsche, carta a Carl von Gersdorff de 21 de junho de 1871, in *Briefwechsel*, cit., vol. II /1, 1977, p. 204, *52*
F. Nietzsche, *Die fröhliche Wissenschaft*, in *Werke*, cit., vol. V/2, 1973, p. 310, *53*
F. Nietzsche, *Nachgelassene Fragmente* (*Herbst 1869 bis Herbst 1872*), in *Werke*, cit., vol. III /3, 1978, p. 297, *53*
Ibid., p. 254, *53*

F. Nietzsche, *Die Geburt der Tragödie*, cit., p. 16, *53*

F. Nietzsche, *Wie die "wahre Welt" endlich zur Fabel wurde*, in *Götzen-Dämmerung*, in *Werke*, cit., vol. vi/3, 1969, pp. 74-75, *55*

F. Nietzsche, *Nachgelassene Fragmente (Anfang 1888 bis Anfang Januar 1889)*, in *Werke*, cit., vol. viii /3, 1972, p. 323, *56*

F. Nietzsche, *Also sprach Zarathustra*, in *Werke*, cit., vol. vi /1, 1968, p. 244, *56*

F. Nietzsche, *Die fröhliche Wissenschaft*, cit., p. 319, *56*

Loc. cit., *56*

Ibid., p. 14, *56*

F. Nietzsche, carta a Jacob Burchkardt de 6 de janeiro de 1889, in *Briefwechsel*, cit., vol. iii /5, 1984, pp. 577-578, *57*

Lautréamont, carta ao sr. Darasse de 12 de março de 1870, in *Oeuvres complètes*, aos cuidados de P.-O. Walzer, Gallimard, Paris, 1970, p. 301, *58*

Lautréamont, Poésies i, in *Oeuvres complètes*, ed. Walzer, cit., p. 265, *59*

Ibid., p. 267, *59*

Lautréamont, *Les Chants de Maldoror*, in *Oeuvres complètes*, ed. Walzer, cit., p. 139, *60*

Ibid., p. 140, *60*

Loc. cit., *60*

J. Gracq, *Lautréamont toujours*, in Lautréamont, *Oeuvres complètes*, Corti, Paris, 1958, p. 82, *60*

M. Blanchot, *Faux pas*, Gallimard, Paris, 1975, p. 198, *61*

B. Fondane, *Rimbaud le voyou*, Denoël, Paris, 1933, p. 190, *61*

Lautréamont, *Les Chants de Maldoror*, cit., pp. 85, 87, *61*

Ibid., pp. 93, 95, *61*

Ibid., pp. 136, 137, *61*

Ibid., pp. 128, 129, *61*

Ibid., p. 183, *61*

Novalis, *Die Christenheit oder Europa*, in *Schriften*, aos cuidados de R. Samuel, H.-J. Mähl e G. Schulz, Kohlhammer, Stuttgart, vol. iii, 1983, p. 520, *62*

Lautréamont, carta a Poulet-Malassis (segundo outros a Monsieur Verboeckhoven) de 23 de outubro de 1869, in *Oeuvres complètes*, ed. Walzer, cit., p. 296, *63*

Referido em J.-J. Lefrère, *Isidore Ducasse*, Fayard, Paris, 1998, p. 445, *63*

Lautréamont, carta a Poulet-Malassis de 23 de outubro de 1869, in *Oeuvres complètes*, ed. Walzer, cit., p. 297, *63*

Referido em J.-J. Lefrère, *Isidore Ducasse*, cit., p. 449, *64*

Lautréamont, *Les Chants de Maldoror*, cit., p. 122, *64*

Lautréamont, carta a Poulet-Malassis de 21 de fevereiro de 1870, in *Oeuvres complètes*, ed. Walzer, cit., p. 298, *65*

Lautréamont, carta a Poulet-Malassis de 23 de outubro de 1869, *Ibid.*, p. 297, *64*

Lautréamont, carta a Monsieur Darasse de 12 de março de 1870, *Ibid.*, p. 301, *66*
Lautréamont, carta a Monsieur Darasse de 22 de maio de 1869, *Ibid.*, p. 296, *67*
A. Artaud, Lettre sur Lautréamont, de Suppôts et supplications, in *Oeuvres complètes*, Gallimard, Paris, vol. xiv/1, 1978, p. 3, *67*
Lautréamont, *Poésies* i, cit., p. 262, *67*
Ibid., p. 265, *68*
Ibid., p. 259, *68*
Lautréamont, *Les Chants de Maldoror*, cit., p. 234, *68*
Lautréamont, *Poésies* i, cit., p. 261, *69*
Ibid., p. 268, *69*
B. Pascal, *Les "Pensées" de Port-Royal*, in *Oeuvres complètes*, aos cuidados de M. Le Guern, Gallimard, Paris, 2000, vol. ii, p. 997, *70*
Lautréamont, *Poésies* ii, in *Oeuvres complètes*, ed. Walzer, cit., p. 288, *70*
J. de La Bruyère, *Des Ouvrages de l'esprit*, in *Les Caractères*, *71*
Lautréamont, *Poésies* ii, cit., p. 292, *71*
Ibid., p. 290, *71*
Lautréamont, *Les Chants de Maldoror*, cit., p. 197, *71*
Loc. cit., *71*
R. de Gourmont, *Introduction*, in Lautréamont, *Oeuvres complètes*, Corti, cit., p. 20, *72*
Lautréamont, *Poésies* i, cit., p. 269, *72*
J. Gracq, *Lautréamont toujours*, cit., p. 81, *72*
L. Bloy, *Le Désespéré*, Mercure de France, Paris, 1918, p. 39, *72*
S. Mallarmé, carta a Paul Verlaine de 16 de novembre de 1885, in *Oeuvres complètes*, a cura di B. Marchal, Gallimard, Paris, vol. i, 1998, p. 789, *74*
S. Mallarmé, *Les Dieux antiques*, Gallimard, Paris, 1925, p. xii, *75*
Ibid., p. 54, *75*
G. W. Cox, *A Manual of Mythology*, Longmans, Londres, 1867, p. 14, *75*
B. Marchal, *La religion de Mallarmé*, Corti, Paris, 1988, pp. 147-148, *75*
G. W. Cox, *A Manual of Mythology*, cit., p. 14, *76*
S. Mallarmé, *Les Dieux antiques*, cit., p. 54, *76*
S. Mallarmé, *Le Mystère dans les Lettres*, in *Divagations*, Charpentier, Paris, 1897, p. 284, *76*
S. Mallarmé, carta a H. Cazalis de 14 de maio de 1867, in *Correspondance 1862-1871*, aos cuidados de H. Mondor, Gallimard, Paris, 1959, p. 241, *77*
Lautréamont, *Les Chants de Maldoror*, cit., p. 126, *77*
Brhadâranyaka Upanishad, 2, 1, 20, *78*
Svetâshvara Upanishad, 6, 10, *78*
Mundaka Upanishad, 1, 1, 7, *78*
S. Mallarmé, carta a Th. Aubanel de 28 de julho de 1866, in *Correspondance 1862-1871*, cit., pp. 224-225, *78*

S. Mallarmé, carta a H. Cazalis de 14 de maio de 1867, *Ibid.*, p. 243, *79*
S. Mallarmé, carta a H. Cazalis de 3 de junho de 1863, *Ibid.*, p. 91, *79*
S. Mallarmé, carta a H. Cazalis de 28 de abril de 1866, *Ibid.*, p. 207, *79*
Ibid., pp. 207-208, *79*
Ibid., p. 207, *79*
S. Mallarmé, carta a H. Cazalis de 13 de julho de 1866, in *Correspondance 1862-1871*, cit., p. 220, *80*
S. Mallarmé, carta a H. Cazalis de 14 de maio de 1867, *Ibid.*, p. 244, *80*
S. Mallarmé, carta a A. Renaud de 28 de dezembro de 1866, in *Oeuvres complètes*, ed. Marchal, vol. I, cit., p. 712, *80*
S. Mallarmé, carta a H. Cazalis de 14 de maio de 1867, in *Correspondance 1862-1871*, cit., p. 243, *80*
S. Mallarmé, carta a E. Lefébure de 17 de maio de 1867, *Ibid.*, pp. 249-250, *81*
Taittiriya Samhita, 2, 5, 11, 5, *82*
Satapatha Brahmana, 4, 1, 1, 22, *82*
S. Mallarmé, carta a E. Lefébure de 27 de maio de 1867, in *Correspondance 1862-1871*, cit., p. 246, *81*
S. Mallarmé, carta a H. Cazalis de 14 de maio de 1867, *Ibid.*, p. 241, *82*
Ibid., p. 242, *82*
M. Proust, carta a Reynaldo Hahn de 28 de agosto de 1896, in *Correspondance*, aos cuidados de Ph. Kolb, Plon, Paris, vol. II, 1976, p. 111, *83*
S. Mallarmé, *Sonnet allégorique de lui-même*, in *Oeuvres complètes*, ed. Marchal, vol. I, cit., p. 131, *84*
S. Mallarmé, carta a H. Cazalis de 18 de julho de 1868, in *Correspondance 1862-1871*, cit., p. 278, *85*
S. Mallarmé, carta a F. Coppée de 5 de dezembro de 1866, *Ibid.*, p. 234, *85*
S. Mallarmé, carta a H. Cazalis de 18 de julho de 1868, *Ibid.*, p. 279, *85*
Loc. cit., *85*
Ibid., p. 278, *85*
Tradução de J.-M. Durand, in *Archives épistolaires de Mari*, Recherches sur les civilisations, Paris, 1988, vol. I /1, p. 478, *86*
S. Mallarmé, carta a H. Cazalis de 14 de maio de 1867, in *Correspondance 1862-1871*, cit., pp. 241-242, *87*
Loc. cit., *87*
S. Mallarmé, *Sonnet allégorique de lui-même*, v. 14, *88*
S. Mallarmé, carta a Marie e Geneviève Mallarmé de 1º de março de 1894, in *Correspondance*, aos cuidados de H. Mondor e L. J. Austin, Gallimard, Paris, vol. VI, 1981, p. 233, *89*
S. Mallarmé, *La Musique et les Lettres*, in *Oeuvres complètes*, aos cuidados de H. Mondor e G. Jean-Aubry, Gallimard, Paris, 1956, p. 643, *89*

Loc. cit., 89
Ibid., pp. 643-644, 90
Ibid., p. 644, 90
S. Mallarmé, *Crise de vers*, in *Divagations*, cit., pp. 236-237, 91
Ibid., p. 240, 91
Ibid., p. 248, 91
Ibid., p. 239, 92
Loc. cit., 92
S. Mallarmé, *Sur l'évolution littéraire*, in *Oeuvres complètes*, ed. Mondor e Jean-Aubry, cit., p. 867, 92
S. Mallarmé, *Crise de vers*, cit., p. 248, 93
S. Mallarmé, *Sur l'évolution littéraire*, cit., p. 866, 93
Ibid., p. 867, 93
Ch. Baudelaire, *Le Spleen de Paris*, in *Oeuvres complètes*, cit., vol. I, 1975, p. 303, 94
Ch. Baudelaire, *L'Invitation au voyage*, vv. 15-17, 94
Ch. Baudelaire, *Le Spleen de Paris*, cit., p. 302, 94
Ch. Baudelaire, *L'Invitation au voyage*, v. 1, 95
Ch. Baudelaire, *Le Spleen de Paris*, cit., p. 301, 95
Ibid., p. 302, 95
Ibid., p. 303, 95
Loc. cit., 95
Ch. Baudelaire, *L'Invitation au voyage*, v. 22, 95
P. Verlaine, *Art poétique*, v. 17, 96
Ch. Baudelaire, *Le Spleen de Paris*, cit., p. 275, 96
Loc. cit., 97
G. Contini, *Sans rythme*, in *Ultimi esercizî ed elzeviri*, Einaudi, Turim, 1988, p. 24, 97
Ch. Baudelaire, *Le Spleen de Paris*, cit., p. 278, 97
G. Contini, *Sans rythme*, cit., p. 25, 97
Loc. cit., 97
Ibid., p. 30, 97
Ibid., p. 26, 98
Ch. Baudelaire, *Le Poison*, v. 7, 98
S. Mallarmé, *Crise de vers*, cit., p. 236, 99
Loc. cit., 99
Loc. cit., 99
W. B. Yeats, *Autobiographies*, Macmillan, Londres, 1961, p. 349, 99
S. Mallarmé, *Crise de vers*, cit., p. 240, 99
Ibid., pp. 240-241, 99

Ibid., p. 239, *100*
S. Mallarmé, *Le Mystère dans les Lettres*, cit., p. 284, *100*
S. Mallarmé, *Crise de vers*, cit., p. 240, *100*
Ibid., p. 241, *100*
Loc. cit., *100*
Ibid., p. 250, *100*
S. Mallarmé, *La Musique et les Lettres*, cit., p. 646, *101*
L'Amitié de Stéphane Mallarmé et de Georges Rodenbach, Cailler, Genebra, 1949, p. 141, *101*
Satapatha Brahmana, 4, 4, 3, 1, *102*
Ibid., 10, 4, 4, 1, *102*
Taittiriya Samhita, 5, 6, 6, 1, *102*
Satapatha Brahmana, 7, 2, 1, 4, *103*
Ibid., 2, 3, 1, 17, *104*
Ibid., 1, 4, 4, 7, *104*
Rigveda, 10, 125, 8, *104*
Satapatha Brahmana, 8, 2, 2, 8, *105*
Ibid., 1, 8, 2, 8, *105*
Ibid., 3, 4, 1, 7, *105*
Ibid., 3, 3, 4, 7, *106*
Ibid., 4, 3, 2, 5, *106*
M. Bloomfield, resenha de W. Neisser, *Zum Wörterbuch des Rigveda*, in "Journal of the American Oriental Society", XLV, 1925, p. 159, *107*
L. Renou, *Études védiques et panineénnes*, de Boccard, Paris, vol. I, 1980, p. 15, *108*
Ibid., p. 26, *108*
Loc. cit., *108*
S. Mallarmé, *Crise de vers*, cit., p. 250, *108*
Jaiminiya Upanishad Brahmana, 1, 1, 1, 5, *108*
Satapatha Brahmana, 10, 4, 1, 16, *109*
M. Mayrhofer, *Etymologisches Wörterbuch des Altindoarischen*, Winter, Heidelberg, vol. I /6, 1989, p. 429, *109*
Brhadaranyaka Upanishad, 3, 6, 1, *110*
Ibid., 3, 8, 3, *110*
Ibid., 3, 8, 7-8, *110*
Rigveda, 3, 55, 1, *110*
Chandogya Upanishad, 3, 12, 1, *111*
Rigveda, 1, 164, 41-42, *111*
J.A.B. van Buitenen, *Akshara*, in "Journal of the American Oriental Society", LXXXIX, 1959, p. 178, *111*

Satapatha Brahmana, 1, 3, 4, 6, *112*
Rigveda, 6, 16, 35, *112*
Satapatha Brahmana, 1, 3, 5, 14, *112*
Ibid., 1, 3, 5, 16, *113*
J.A.B. van Buitenen, *Aksara*, cit., p. 180, *114*
Brhadaranyaka Upanisad, 5, 14, 7, *114*
Ibid., 4, 3, 33, *114*
Chandogya Upanisad, 1, 1, 8, *114*
Rigveda, 1, 164, 38, *114*
Ibid., 3, 60, 3, *114*
Ibid., 1, 110, 4, *115*
Ibid., 4, 36, 2, *115*
Ibid., 10, 80, 7, *115*
Ibid., 10, 176, 1, *115*
Ibid., 3, 60, 2, *115*
S. Kramrisch, *Two*, in *Indological Studies in Honor of W. Norman Brown*, American Oriental Society, New Haven, 1962, p. 128, *115*
Rigveda, 1, 111, 8, *115*
Ibid., 4, 33, 3, *116*
Ibid., 1, 110, 2, *116*
Ibid., 1, 110, 4, *116*
L. Silburn, *Instant et cause*, de Boccard, Paris, 1989, p. 27, *117*
Rigveda, 4, 33, 6, *117*
Ibid., 1, 161, 5, *117*
Loc. cit., *117*
Ibid., 1, 161, 1, *117*
Aitareya Brahmana, 3, 30, 3, *118*
Ibid., 3, 30, 4, *118*
C. G. Jung, *Commentary on "The Secret of the Golden Flower"*, in *Alchemical Studies*, aos cuidados de R.F.C. Hull, de *Collected Works*, Routledge and Kegan Paul, Londres, vol. XIII, 1978, p. 37, *119*
Salústio, *Sobre os deuses e o mundo*, 3, 3, *120*
M. Blanchot, *Le livre à venir*, Gallimard, Paris, 1959, p. 242, *123*
Ibid., p. 243, *123*
V. Nabokov, *Lolita*, cit., p. 314, *124*
V. Nabokov, *Ada*, McGraw-Hill, Nova York/Toronto, 1969, p. 232, *124*
A. E. Housman, *The Name and Nature of Poetry*, in *Selected Prose*, aos cuidados de J. Carter, Cambridge University Press, Cambridge, 1961, p. 193, *124*
Bhagavad Gita, 18, 74, *124*
Th. Gautier, *Souvenirs romantiques*, Garnier, Paris, 1929, p. 267, *125*

A. K. Coomaraswamy, *Samvega: Aesthetic Shock, in Selected Papers*, aos cuidados de R. Lipsey, Princeton University Press, Princeton, N. J., 1977, vol. I, p. 179, *125*

Novalis, *Monolog*, in *Schriften*, cit., vol. II, 1981, pp. 672-673, *126*

M. Heidegger, *Unterwegs zur Sprache*, Neske, Pfullingen, 1959, p. 265, *128*

G. Benn, *Briefe*, Limes, Wiesbaden, 1957, pp. 203-204, *129*

F. Nietzsche, *Über Wahrheit und Lüge im aussermoralischen Sinne*, in *Werke*, cit., vol. III /2, 1972, p. 369, *130*

Ibid., p. 370, *131*

Ibid., p. 374, *131*

Ibid., p. 382, *131*

Ibid., p. 381, *131*

Ibid., p. 380, *131*

Ibid., p. 381, *131*

Ibid., pp. 381-382, *132*

M. Proust, [*La poésie ou les lois mystérieuses*], in *Contre Sainte-Beuve*, aos cuidados de P. Clarac e Y. Sandre, Gallimard, Paris, 1971, p. 417, *133*

Loc. cit., *133*

Ibid., p. 418, *133*

Ibid., pp. 419-420, *134*

M. Proust, [*Le déclin de l'inspiration*], in *Contre Sainte-Beuve*, cit., p. 423, *135*

F. Hölderlin, *Brot und Wein*, v. 124, *135*

Píndaro, fr. 133, 1 (Snell), *137*

Índice onomástico

Abraham a Sancta Clara, 18
Adduduri, 86
Apolônio de Rodes, 36
Arato, 11, 12
Aristóteles, 50
Artaud, Antonin, 67
Auden, Wystan Hugh, 123

Bachofen, Johann Jakob, 49
Balzac, Honoré de, 59
Baudelaire, Charles, 12-5, 17-24, 59-61, 64-5, 67, 72, 79, 93-8, 123, 125
Bellini, Giovanni, 27
Benn, Gottfried, 22, 53, 123, 128-9
Bernini, Gian Lorenzo, 27
Bismarck, Otto von, 50
Bloomfield, Robert, 107
Bloy, Léon, 72
Böhlendorff, Casimir Ulrich, 14-5, 36-7
Borges, Jorge Luis, 123
Botticelli, Sandro, 26-7, 48

Brodski, Joseph, 103, 123
Burckhardt, Jacob, 25-6, 57
Byron, George Gordon (Lord Byron), 60, 63, 65

Calvino, Ítalo, 42, 123
Canetti, Elias, 123
Cazalis, Henri, 79-80, 82, 87
Conder, Charles, 99
Contini, Gianfranco, 97
Coomaraswamy, Ananda K., 125
Coppée, François, 59
Corneille, Pierre, 67
Cox, George W., 74-6
Creuzer, Friedrich, 49
Cvetaeva, Marina, 123

Darasse, Joseph, 66,-8
Diotima *ver* Gontard, Susette
Dossi, Dosso, 27
Ducasse, François, 58
Ducasse, Isidore *ver* Lautréamont
Dumas, Alexandre, 59

Dumont, Louis, 42
Duncan, Isadora, 77
Durkheim, Émile, 122

Engels, Friedrich, 73
Eurípides, 11, 75

Féval, Paul-Henri-Corentin, 59
Ficino, Marsilio, 26, 48
Flaubert, Gustave, 32, 58-9, 64
Furini , Francesco, 27

Gargi, 109, 110
Gersdorf, Carl von, 52
Goethe, Johann Wolfgang von, 126
Gontard, Susette (Diotima), 30
Görres, Johann Joseph von, 49
Gourmont, Remy de, 72
Gracq, Julien, 60
Günderode, Karoline von, 49

Hahn, Reynaldo, 82
Hegel, Georg Wilhelm Friedrich, 44
Heidegger, Martin, 33-4, 128, 129
Heine, Heinrich, 15-8, 24
Hellingrath, Norbert von, 35
Heráclito, 49
Hofmannsthal, Hugo von, 123
Hölderlin, Friedrich, 13-5, 30-1, 33-40, 48, 50, 55, 122, 135
Homero, 10, 135
Housman, Alfred Edward, 124
Houssaye, Arsène, 96
Hugo, Victor, 65-6, 69, 90-1, 99, 122, 125
Huret, Jules, 92-3, 98
Huysmans, Joris-Karl, 64

Janin, Jules, 15-6
Jung, Carl Gustav, 119

Kafka, Franz, 106
Kerényi, Karl, 11
Kramrisch, Stella, 115
Kraus, Karl, 123
Kundera, Milan, 123

La Bruyère, Jean de, 69, 71
La Rochefoucauld, François, duque de, 69
Lacroix, Paul, 58, 63-6
Laforgue, Jules, 92
Lamartine, Alphonse de, 65-6
Lautréamont (Isidore Ducasse), 58-73, 76-8
Leconte de Lefébure, Eugène, 79
Leconte de Lisle, Charles-Marie, 59
Leibniz, Gottfried Wilhelm, 107
Leopardi, Giacomo, 31-3
Lévy, Michel, 16

Maistre, Joseph de, 20
Mallarmé, Stéphane, 74-5, 77, 79-83, 85-7, 89-101, 108, 121
Mandel'stam, Osip Emil'evič, 123
Manganelli, Giorgio, 123
Marchal, Bertrand, 75
Marx, Julius Henry (Groucho Marx), 125
Mayrhofer, Manfred, 109
Mickiewicz, Adam, 63
Milton, John, 63
Montale, Eugênio, 123
Moreau, Gustave, 99
Müller, Karl Otfried, 49
Musset, Alfred de, 59, 63, 65-6

Nabokov, Vladimir, 29-30, 123-4
Nietzsche, Friedrich, 21-2, 25, 44, 49-58, 62, 114, 129-32
Nono de Panópolis, 49

Novalis, 13, 35, 121, 126-7, 129
Novalis (Friedrich, barão von Hardenberg, dito), 62

Offenbach, Jacques, 13, 16, 24

Pascal, Blaise, 69
Paulo, são (apóstolo), 77
Pico della Mirandola, Giovanni, 48
Píndaro, 33, 50
Platão, 48, 54, 74
Plotino, 50
Poliziano, Angiolo, 26, 48
Ponson du Terrail, Pierre-Alexis, 59
Porfírio, 28
Poulet-Malassis, Paul-Auguste, 63-5, 67
Pound, Ezra, 29
Poussin, Nicolas, 27, 36
Proust, Marcel, 82, 123, 132-4
Puvis de Chavannes, Pierre, 99

Racine, Jean, 67
Rembrandt, van Rijn, 27
Reni, Guido, 27
Renou, Louis, 109
Rilke, Rainer Maria, 34
Rimbaud, Arthur, 58-9, 80
Rousseau, Jean-Jacques, 67

Salústio, 120
Sand, George, 59
Saraceni, Carlo, 27
Schelling, Friedrich Wilhelm, 35, 44
Schiller, Johann Christoph Friedrich von, 31
Schlegel, Friedrich, 31, 35, 44-7, 121

Schmid, Siegfried, 30, 33-4
Schopenhauer, Arthur, 50
Shakespeare, William, 26
Silburn, Lilian, 109, 117
Sócrates, 28
Southey, Robert, 63
Staël, Anne-Louise-Germaine de, 14
Stirner, Max, 71-3
Sue, Eugène, 58

Tiepolo, Giambattista, 27

Valéry, Paul, 22, 79, 123
Vaughan, Henry, 39
Vauvenargues, Luc de Clapiers, marquês de, 69-71
Verlaine, Paul, 20, 58, 96, 99
Vermeer, Jan, 94
Vigny, Alfred de, 69
Virgílio, 11
Voltaire (François Marie Arouet, dito), 26, 67
Voss, Johann Heinrich, 48

Wackernagel, Jacob, 11
Wagner, Richard, 51, 53
Warburg, Aby, 25, 27
Wellershoff, Dieter, 128
Winckelmann, Johann Joachim, 17, 49
Wind, Edgar, 22

Xenófanes, 77

Yajñavalkya, 109-10
Yeats, William Butler, 99, 123

Zeami, Motokiyo, 90

ESTA OBRA FOI COMPOSTA PELO GRUPO DE CRIAÇÃO EM MINION,
TEVE SEUS FILMES GERADOS PELA SPRESS E FOI IMPRESSA PELA GRÁFICA
BARTIRA EM OFSETE SOBRE PAPEL PÓLEN SOFT DA COMPANHIA SUZANO
PARA A EDITORA SCHWARCZ EM ABRIL DE 2004